지역사회보장협의체를 논하다

지역사회보장협의체를 논하다

발행일	2025년 12월 10일
지은이	이정식
펴낸이	손형국
펴낸곳	(주)북랩
출판등록	2004. 12. 1(제2012-000051호)
주소	서울특별시 금천구 가산디지털 1로 168, 우림라이온스밸리 B동 B111호, B113~115호
홈페이지	www.book.co.kr
전화번호	(02)2026-5777
팩스	(02)3159-9637
ISBN	979-11-7224-883-3 13330 (종이책)　979-11-7224-940-3 15330 (전자책)

잘못된 책은 구입한 곳에서 교환해드립니다.
이 책은 저작권법에 따라 보호받는 저작물이므로 무단 전재와 복제를 금합니다.
이 책은 (주)북랩이 보유한 리코 장비로 인쇄되었습니다.

작가 연락처 문의 ▶ ask.book.co.kr
전용 게시판에 문의를 남기시면 저자에게 직접 전달됩니다.

(주)북랩 성공출판의 파트너
북랩 홈페이지와 SNS에서 다양한 출판 솔루션을 만나 보세요!

홈페이지 book.co.kr　•　블로그 blog.naver.com/essaybook　•　출판문의 text@book.co.kr
카톡채널 북랩

현장 전문가가 쓴 거버넌스의 이상과 한계

지역사회보장협의체를 논하다

이정식 지음

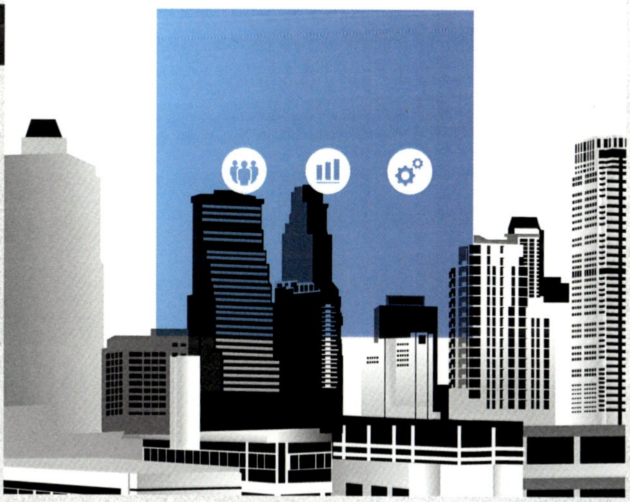

머리말

지역사회보장협의체와 인연을 맺은 것은 2012년 무렵이다. 그때 나는 사무국 직원이 아니라 한 명의 위원으로 참여하고 있었다. 첫인상은 그야말로 신선함이었다. 거버넌스라는 개념은 알고 있었지만, 그것이 현실 속에서 살아 움직이는 조직으로 존재하는 것을 본 처음이었다. 시장과 시민이 한 조직 안에서 '위원'이라는 이름으로 함께 논의하고, 의사 결정에 참여하는 구조는 매우 미래 지향적이었다. 경찰서장, 교육지원청장, 국민연금공단과 건강보험공단의 지사장, 보건소장, 복지관장 등 다양한 공공기관의 책임자들이 일반 시민들과 함께 협의체 위원으로 활동하는 모습은 민주적 거버넌스의 살아 있는 모델이라 느껴졌다. 그 조직의 일원으로 함께한다는 사실이 좋았다.

그러나 시간이 흐르며 깨달았다. 거버넌스도, 민주주의도, 사회적 경제나 경제 민주주의도 모두 말처럼 쉽지 않은 일이라는 것을. 이상은 아름답지만, 그것을 현실 속에서 실천하고 지속시키는 일은 언제나 어렵다. 무엇이 옳은 방향인지, 어느 선택이 더 큰 공익을 낳을지 판단하기가 쉽지 않다. 어쩌면 거버넌스란 현실에 닿을 듯 말 듯한, 허공 위의 이상 같은 존재인지도 모른다.

나는 십수 년간 공공조직과 함께 일하면서 한 가지 사실을 절실히 느꼈다. '거버넌스를 진심으로 원하거나 반기는 공직자는 많지 않다.'는 것이다. 대다수는 그것을 부담스럽게 여긴다. 그 안에는 쉽게 나눌 수 없는 권한과 책임, 그리고 조직 내부의 복잡한 이해관계가 얽혀 있다. 공공기관의 문은 누구에게나 열려 있지만, 그 속살은 마치 양파 껍질처럼 여러 겹의 층으로 이루어져 있다. 지방의 공조직이 이 정도라면 중앙은 오죽할까. 그래서 나는 확신하게 되었다. 거버넌스의 핵심 주체이자 책임자는 '공공'이지만, 그 공공을 거버넌스의 장으로 끌어내는 것은 '민간의 힘'이라는 것을.

복지는 곧 정치다. 세금으로 운영되는 복지정책은 누가 정권을 잡는가에 따라 예산의 규모도, 사업의 방향도 달라진다. 거버넌스 또한 넓은 의미에서는 하나의 정책 방향이며, 복지의 근간을 이루는 정치적 선택이다. 내가 지역사회보장협의체를 떠나며 여전히 마음 한편에 남는 것은, 이 복잡한 문제의 해답이 결국 '민간의 실천'에 달려 있다는 믿음이며, 쉽지 않은 길이라는 것이다.

사회복지 현장에서는 종종 "복지기관 종사자는 10급 공무원"이라는 말을 듣는다. 막 임용된 9급 공무원보다도 하위직이라는 자조 섞인 표현으로 공공에서 주는 예산으로 움직이는 사회복지종사자들의 처지를 말해 주는 비유다. 하지만 나는 생각한다. 바로 그 '10급'이 지역사회복지를 실질적으로 움직이는 전문가이며, 복지전달체계의 최전선에 선 1급 인재들이다. 거버넌스가 어렵고, 힘들다고 말할 때, 그 중심에는 언제나 지역사회보장협의체와 사무국이 있다. 그렇기에 그들은 마땅히 존중받고 합당한 대우를 받아야 한다.

지역사회복지는 인간의 삶과 가장 맞닿아 있는 영역이며, 그 삶의 기반을 지탱하는 핵심조직이 바로 지역사회보장협의체라 본다. 이 책은 그 믿음에서 출발했다. 앞으로 몇 년이 지나도, 그리고 그 한참 후에도 지역사회보장협의체가 지역사회복지의 든든한 거버넌스 체계로 자리 잡고 있기를 진심으로 바란다. 책이라 부를 만큼의 무게를 지녔는지는 모르겠으나, 적어도 이 글들이 지역사회복지의 현장을 아껴 온 한 사람의 진심 어린 기록으로 남기를 바란다.

차례

머리말 / 5

지역사회 복지에서의 주민의 역할 / 9
지역사회보장협의체가 주민 주도의 지역복지 모델인가 / 17
지역복지 전달 체계에서 지역사회보장협의체의 위치는 / 25
시역사회복지협의체에서 지역사회보장협의체로 / 33
지역사회보장협의체와 지역사회보장협의체 사무국은
　　같은 존재가 아니다 / 51
지역사회보장협의체 사무국이 해야 할 가장 중요한 역할은 / 79
지역사회보장협의체 조직에 관해 / 93
지역사회보장계획에 관해 / 189
사회복지법인 외부추천이사 / 219
지역사회보장협의체 사무국의 업무에 관해 / 227

맺음말 / 236

지역사회 복지에서의 주민의 역할

지역사회 복지를 이야기할 때 우리는 종종 외국의 사례를 가지고 온다. 사회복지라는 개념이 외국에서 도입된 것이고, 특히 선진국의 여러 사례를 통해 우리나라에 복지 개념을 정립했기 때문이다. 사실 이런 관행은 좋은 본보기가 될 수도 있고, 실제와 거리가 있는 동떨어진 이야기일 수도 있다. 우리보다 먼저 여러 사회 현상을 겪은 외국의 사례가 이정표 역할을 하는 것이 당연하지만, 그 나라의 지역 환경과 사람, 의식, 사회 구조 등이 우리와 같을 수는 없다. 따라서 어느 정도 참고는 할 수 있어도 결국 우리에게 맞는 이론과 정책은 우리가 찾아야 한다. 그런 점에서 본다면 오늘 시작하려는 이 사례도 어쩌면 그냥 참고 정도로 봐 주어야 할 것이다. 물론 의미하는 바는 크지만 말이다.

오늘 이야기하려는 사례는 영국의 경우다. 영국 지도를 우리나라와 비교해 보면 아래쪽이 훨씬 크긴 하지만, 한반도와 비슷한 구석이 있다. 토끼나 호랑이가 웅크리고 앉아 있는 모양이라는 점에서 그렇다. '브리스톨'이란 곳은 우리로 말하면 목포쯤에 해당하는, 영국의 서남쪽에 위치한 곳이다. 우리가 주목하는 곳은 브리스톨에서도 '로렌스 웨스턴'이란 지역이다. 브리스톨 전체에서 보면 서쪽 끄트머리에 있는 곳이다. 바다와 가까운 곳으로 '리버 아본'과도 멀지 않다. 우리가 로렌스 웨스턴을 주목하는 이유는 이곳이 원래는 작은 마을이었지만, 1940년대 말에서 1950년 초 제2차 세계대전 이후 주택단지로 개발되었고, 개발 과정에서 킹스 웨스턴 지역과 합쳐지면서 인구가 갑자기 늘어난 전형적인 신도시 같은 곳이기 때문이다. 전후 개발 지역답게 근처에는 산업단지가 있고, 지역의 인프라도 늘었다. 역사도 깊은 지역으로 고대 로마 시대의 목욕탕과 모자이크 유적도 있다. 전형적인 영국의 지방 도시로 우리나라의 농촌 지역처럼 지역적인 유대감이 강하게 형성되어 있다.

　우리나라도 한국전쟁 후 지방에 소도시들이 갑자기 개발된 역사적인 경험이 있다. 이상하게도 우리나라 전체 인구를 생각해 보면 한국전쟁 이후 시기의 인구는 지금의 절반밖에 안 되지만, 지방 도시들의 인구는 현재보다 훨씬 많았다. 지금은 인구 소멸이라는 공통적인 문제를 안고 있지만, 당시엔 그래도 어엿한 도시로의 면모를 가지고 있던 지방 도시들이 있었다. 대한민국의 인구는 늘었지만, 수도권으로만 모여드는 집중화 현상 앞에서 지방 소도시들은 몰락하고 있다. 비슷한 일이 로렌스 웨스턴에서도 있었다. 전후에 몸집을 키우며 지방 도시로 성장했지만, 인구가 빠져나가면서 도시는 활력을 잃게 되었고, 실업률이 증가했으며, 범죄율도 늘어났다. 주민들의 빈곤 문제가 도시 전체로 퍼져 나갔다. 이러다 도시의 기능이 아예 마비되는 것 아니냐는 우려까지 나왔다. 악순환의 고리가 이어지면서 도서관과 청소년 센터들이 문을 닫게 되고, 도시의 순기능은 더욱 기대하기 어렵게 되었다. 원래 깨진 유리창 효과처럼 한 번 부정적인 방향으로 가게 되면 나중에는 가속이 붙어 더욱 상황을 개선하기 어려워지는 법이다.

　하지만 로렌스 웨스턴 주민들은 자신들의 도시가 기능을 잃어 가는 것을 보고만 있지 않았다. 외부의 도움이나 행정관청의 힘을 빌리지 않고 주민들 스스로 도시를 살려보자는 운동이 일어났다. 이것을 '앰비션 로렌스 웨스턴Ambition Lawrence Weston'이라 하는데 2012년 주민들이 주도해 만든 공동체 조직이다. 주민들은 복지 전문가나 공공기관이 아닌 주민 스스로가 도시의 문제를 해결해야 한다는 의식을 갖고 문제를 어떻게 해결할 것인가 머리를 맞대기 시작했다. 이런 주민들의 노력이 조금씩 빛을 발하면서 도시 전체가 살아날 수 있는 계기가 마련되었다. 지방 소도시로 공동체 의식이 강하다는 전통이 이런 운동을 활발하게 만든 원동력의 하나가 되었다.

그런 점에서 본다면 대도시의 경우 한 번 기울어진 도시 기능을 찾기 위해 긍정적인 변화를 모색하기가 쉽지 않지만, 지방 소도시의 경우는 강력한 공동체 의식을 자양분으로 도시의 재도약이나 부활이 가능할 수도 있다는 생각을 해 보게 된다.

이들이 주목한 것은 지역에서 받을 수 있는 여러 서비스가 축소되고 있다는 점과 그로 인한 생활의 질 악화, 그리고 지역의 축소와 인구 감소가 벌어지고 있다는 것이었다. 어찌 보면 당연한 일인데 지역에서 누릴 수 있는 서비스가 감소하면 삶의 질이 떨어지고, 인구는 줄게 된다. 이들이 처음 이런 문제들을 해결하기 위해 시작한 활동은 일자리와 교육 훈련의 기회를 확대하자는 것이었다. 도시 내 녹지 공간과 주거 환경의 개선, 안정적인 생활을 위한 식료품 등의 원활한 제공, 도시의 정책에 주민의 의사가 반영되도록 하는 것 등이었다. 사실 이런 주제들은 우리가 요즘 너무나 흔하게 접하는 대한민국 지역복지정책의 주요 화두들이다. 하지만 실천하는 방법과 주민들의 참여도 면에서는 로렌스 웨스턴과 분명 차이가 있다. 로렌스 웨스턴의 지역 운동 하면 가장 많이 나오는 이야기가 바로 주민들이 직접 집마다 찾아다니며 "당신에게 지금 가장 필요한 것이 무엇인가요?"라고 설문 조사를 시행했다는 점이다. 그때 나온 대답 중 가장 많은 것이 바로 '슈퍼마켓'이었다. 지역에 슈퍼마켓이 아예 처음부터 없었던 것은 아니다. 인구가 줄고, 소비력이 떨어지면서 동네에서 하나둘 슈퍼마켓이 사라졌고, 주민들이 물건을 구입하는데 아주 애로 사항이 많았다. 이런 질문과 대답은 해당 지역에 사는 사람이 아니라면 알기 어려운 것이다. 즉, 주민들이 과연 우리에게 현재 가장 필요한 것이 무엇인가를 스스로 묻고 답을 찾기 위한 노력을 했다는 점에서 로렌스 웨스턴 지역이 다른 곳과 차별된다고 볼 수 있다.

주민들의 욕구를 확인한 후 이들이 실행한 것이 바로 신규 슈퍼마켓을 유치하는 것이었다. 주민들의 답을 일일이 보고서로 작성해 지역의 커뮤니티 플랜을 수립했다. 이 계획에는 가장 큰 욕구인 슈퍼마켓의 유치가 명시되었고, 누구 한 사람의 욕구가 아닌 주민 대다수가 원하는 것이라는 점이 설문 결과로 제시되었다. 하지만 브리스톨 시의회와 시장 전문가들은 반대 의견을 냈다. 이들은 슈퍼마켓을 만들 것이 아니라 주택단지를 만드는 편이 사람들을 더 많이 모을 수 있다고 생각했다. 주민들이 없는 상태에서 슈퍼마켓을 만든다면 수요가 적어 슈퍼마켓 운영이 되지 않으리라 판단한 것이다. 하지만 주민들은 여기서 물러서지 않았다. 이들은 자체적으로 소매업 전문가를 초빙해 지역의 수요 조사를 하도록 요구했고, 전문가들은 신규로 슈퍼마켓이 들어서도 충분히 운영될 수 있는 수요가 있다고 판단했다. 이들은 우리로 말하면 광역지자체인 브리스톨 의회와의 협상에서 유리한 고지를 점하기 위해 지역구 의원과 지역의 국회의원을 찾아가 협력해 달라고 요구했다. 흔히 말하는 악성 민원이 아니라 지역의 발전에 필요한 것을 확보하기 위해 주민들이 스스로 움직이는 행동력을 보여 준 것이다.

사실 정치인들은 지역을 위해 일한다고 하지만 지역의 이슈와 동떨어진 활동을 할 때가 있다. 본인의 정치적인 이해관계일 수도 있고, 다른 이권 때문일 수도 있으며 본인의 고집일 수도 있다. 주민들은 정치권을 잘 이용하고 활용할 필요가 있다. 로렌스 웨스턴의 경우가 바로 그런 사례라 할 수 있다. 결과가 나오기를 수동적으로 기다린 것이 아니라 의회의 논의 과정에 적극적으로 개입했으며 연구를 진행한 업체의 패널에 참여하는 등 자신들의 목소리가 반영될 수 있도록 노력했다. 이런 노력의 결과로 여러 슈퍼마켓의 가맹점을 지역으로 유치할 수 있었다. 단순히 외부의 도움이 오기를 기다린 것이 아니라 주민들이 문제의식, 주인 의식을 가지고 지역을 위해 정책적인 변화를 주도한 모범적인 사례인 것이다.

그리고 간과해서 안 되는 요소가 하나 더 있다. 주민들을 도왔던 '빅 로컬 트러스트Big Local Trust'다. 이것은 영국에서 주민 주도의 지역 발전을 지원하기 위해 설립된 자선신탁charitable trust이다. 이 신탁의 자금 출처는 국영 복권National Lottery 수익금이다. 국영 복권 지역사회 기금은The National Lottery Community Fund 복권 수익의 40%를 지역사회 활동에 지원하는 기관으로 '빅 로컬 트러스트'에 자금을 지원했다. 우리로 말하면 로또 복권인 동행 복권의 수익금으로 조성된 기금을 지역 발전을 위해 사용하는 것이라 볼 수 있다. 로렌스 웨스턴은 100만 파운드, 그리고 후에 다시 150만 파운드의 기금을 지원받았다. 우리 돈으로 환산하면 약 20억 원과 30억 원 정도에 해당한다. 도시에서 시행하는 정책을 위한 예산치고 그리 큰 규모는 아니다. OECD 국가인 대한민국의 경우 이보다 훨씬 큰 금액들을 도시의 발전정책에 지원하고 있다. 지역 문제 해결을 위해 단순히 예산 규모만 크다고 정책의 실효성이 나타나는 것은 아니라는 것이 로렌스 웨스턴에서 볼 수 있는 교훈이다.

정책적으로 지역에 어떤 자본이나 자원을 유치하는 데서 그치는 것이 아니라 외부 자원이 지역에서 잘 뿌리 내릴 수 있도록 기금을 활용해 지역에 선순환적인 구조를 만들려는 주민들의 노력이 더해졌다. 기금은 앞서 살펴본 주민들의 설립 단체인 '앰비션 로렌스 웨스턴'을 통해 지역 발전을 위해 쓰였다. 이들은 지역에 놀이 시설을 만들고, 고용지원센터를 만들었으며, 지역을 알리기 위한 공동체 성격의 지역 잡지를 발간했다. 또한, 소규모 조직을 지원하기 위해 커뮤니티 그룹 지원 프로그램을 운영했다. 청소년 센터가 폐지되지 않도록 유지했으며 우리에겐 조금 낯선 주민 주도형 풍력발전기 프로젝트와 에너지 효율 주택 계획 등도 추진했다.

여기서 드는 의문은 아무리 주민들이 직접 조직을 만들었다고는 하지만 '과연 누가 이런 전문적인 일을 주도했을까?' 하는 것이다. 주민조직의 움직임은 전문적인 시설 운영가들의 행동과 크게 다르지 않다. 전문적으로 종합사회복지관 같은 이용시설을 위탁 운영하는 지역의 전문가 그룹과 큰 차이가 없다는 말이다. 그런데 아무리 자료를 찾아보아도 어떤 특정 세력이 주동이 되어 로렌스 웨스턴의 이런 활동을 이끌었다는 이야기는 없다. 기록에 따르면 2011년 지역 서비스를 지키기 위해 모인 소규모 주민들의 모임인 '프렌즈 오브 로렌스 웨스턴 칼리지Friends of Lawrence Weston College'라는 것이 시작점인 것으로 나타난다. 하지만 이 모임도 누가 주도했는지는 기록이 없다. 이후 이 소규모 모임이 '앰비션 로렌스 웨스턴'으로 발전해 커뮤니티 전반을 위한 활동을 시작한 것으로 알려졌다.

대부분의 지역사회 운동은 주도적인 누군가가 핵심 역할을 해야 한다고 알려져 있다. 하지만 익명에 가까운 주민들이 스스로 지역사회 변혁을 이끌었다는 것은 매우 이례적인 일이다. 정치인도 아니고, 많이 배운 학자도 아니고, 지역의 유지라는 저명인사도 아니며 재력 있는 부자도 아니었다. 그저 지역을 고민하고, 발전을 원했던 보통의 주민들이 이런 대단한 일을 해낸 것이다. 그래서 우리도 생각해 봐야 한다. 대단한 인적 자원이나 외부의 지원 없이도 지역사회의 변화를 끌어낼 수 있다. 지역의 문제는 주민들 스스로 해결할 수 있다. 그리고 그런 주민력이 발휘되기 위해 최소한의 마중물, 즉 협의와 소통을 위한 소규모 모임을 통해 큰 사업을 만들어 낼 수 있다. 어쩌면 그래서 이 순간 지역사회보장협의체와 같은 거버넌스 조직이 지역을 바꿀 수 있는 대안이 아닌가 하는 생각이 든다.

지역사회복지의 전달 체계는 중앙정부의 정책을 효과적으로 지역에서 시행하는 역할도 하지만 지역의 욕구와 지역적인 환경 변화 등을 중앙에 잘 전달하는 역할도 수행해야 한다. 그런 의미에서 본다면 지역사회보장협의체는 형식적으로, 조직적으로 로렌스 웨스턴 지역의 '앰비션 로렌스 웨스턴'과 같은 역할을 하는 주요 전달 체계의 허브와 같은 조직이라 할 수 있다.

결과적으로 보면 영국 로렌스 웨스턴 지역의 변화는 성공적으로 마무리

된 것으로 보인다. 여러 나라에서 이 지역의 사례를 주민 주도 발전의 성공적이고 모범적인 사례로 지목하고 있으며, 연구도 진행하고 있다. 대부분의 연구는 성공적인 지금의 모습에 초점을 맞추고 있다. 다른 지역에서는 보기 드문 풍력발전기를 이용한 에너지 효율 주택 계획의 성공적인 추진을 주로 이야기한다. 하지만 진정한 이 지역의 성공 요인은 이런 눈에 보이는 결과물이 아니라 처음 지역 발전과 변화를 하자고 모인 소규모 시민모임이다. 나비효과처럼 작은 소모임은 후일 지역 전체를 관통하는 커다란 주민 의식이자 시민 발의의 형태로 구체화 되었다. 우리는 시민운동 또는 지역에서의 조직화에 많은 시간의 교육과 노력, 그리고 전문적인 지도력 등이 필요하다고 말한다. 하지만 꼭 그렇지 않다는 것을 로렌스 웨스턴을 통해 보고 있다. 로렌스 웨스턴 지역은 침체해 가던 지역을 주민 주도의 사회복지 실천 모델을 통해 지속 가능한 공동체로 만들었다. 공공 분야와 외부의 지원이 축소되고 있는 가운데 만들어진 값진 결과로 지역에 맞는 주민복지 성공 모델이라 할 수 있다.

지역사회보장협의체가 주민 주도의 지역사회복지 모델인가

그렇다면 지역사회보장협의체가 주민이 주도하는 지역사회복지의 성공적이고 모범적인 조직 모델이라 할 수 있을까? 처음 지역사회보장협의체가 생긴 이유를 보면 조금은 그런 질문에 대한 답이 될 수 있을 것으로 보인다. 우리나라는 1991년 지방의회 선거를 통해 지방자치제를 시행하게 되었다. 1995년에는 지방의 단체장을 뽑는 선거를 함으로써 지방자치제를 본격적으로 시행했다. 지방자치제를 왜 하는가에 대해 이 자리에서 논하는 것은 성격상 맞지 않기 때문에 그냥 넘어가겠다. 하지만 미국처럼 커다란 땅덩어리를 가진 나라가 아닌데도 지방자치제를 시행한 이유는 풀뿌리 민주주의를 실천하고, 지방의 균형적인 발전을 꾀하기 위함이다. 즉, 지방자치제는 민주주의 발전 도상에서 반드시 시행해야 하는 기본적인 정치제도라 할 수 있다.

지방자치제가 시행되기 이전에는 지방자치단체장을 중앙정부에서 인사발령을 통해 부임하도록 했다. 물론 이런 제도는 아주 오래전부터 중앙집권제를 강화하는 수단으로 시행됐다. 이렇게 단체장이 중앙에서 오게 되었을 때 좋은 점은 지역의 토호세력이나 호족세력과 결탁하는 일이 별로 없고, 중앙의 정책을 일관되게 시행할 수 있으며 중앙에서 언제든지 발령을 내면 다시 떠나야 하므로 지역에서의 유착관계를 통한 비리의 발생을 막을 수 있다는 점이다. 그렇지만 그 지역의 사정을 잘 알지 못하는 단체장이 부임함으로써 지역에 필요한 정책을 만들거나 시행하기 어렵고, 지역의 발전에 관심이 별로 없을 수 있으며 언제든 떠날 수 있으므로 책임 있는 행정을 기대하기 어렵다. 특히 자신을 지역으로 보낸 중앙정치에만 온 신경을 곤두세우게 되기 때문에 지역 주민들의 목소리는 무시되기 쉬웠다.

지방의 발전 없이 대한민국의 발전은 기대하기 어려웠다. 그것이 지방자치를 하게 된 진정한 이유다. 현재 지방자치는 이런저런 이유로 문제가 있다는 비판도 받지만, 정치적으로 보면 지방 주민들이 지역의 정치인들을 선거를 통해 판단할 수 있게 된 것만으로도 어느 정도의 성과는 있다고 볼 수 있다. 지방자치의 시대는 정치적인 면에서만 요구된 것이 아니다. 지역사회복지의 측면에서도 필요했다. 쉽게 말해 복지정책은 정치와 함께 간다. 그럴 수밖에 없다. 복지에서 필요한 예산 대부분은 세금에서 충당되기 때문이다.

지방자치 시대와 함께 사회복지 영역에서 일어난 변화는 '보건복지사무소 시범사업'이었다. 이름에서 알 수 있듯 공공 분야의 전달 체계를 효과적으로 개편하자는 의도에서 시행된 사업이었다. 당시에도 지역에는 다양한 복지 수요가 있었고 거기에 부응하기 위해서는 지금까지와는 다른 접근법이 필요하다는 인식이 있었다. 기억하건대 당시에는 사회복지직이라는 공무원의 직렬이 없었다. 그렇지만 정치권에서도 공무원 중에 사회복지 전문 직원이 있어야 한다는 생각은 하고 있었다. 물론 1987년부터 비슷한 일을 하는 공무원은 있었다. 일명 '사회복지 전문요원'이라는 이름의 별정직 공무원이 그것이었다. 하지만 지금 우리가 보고 있는 사회복지직 공무원과는 상당한 차이가 있는 직원으로 직급도 없는 계약직 직원이었다.

당시에 세상을 떠들썩하게 만드는 '형제복지원' 사건이 발생했다. 자세한 내용을 모두 여기서 다루기는 힘들지만, 복지원이라는 이름에서 볼 수 있듯 복지시설임에도 불구하고 억지로 사람들을 수용한 곳으로 어처구니없게도 공공에서 운영을 지원했다. 세금으로 강제수용 시설을 운영했다는 말이 된다. 아직도 진실을 밝히기 위한 작업이 계속되고 있을 만큼 충격을 준 사건이었다. 공공에서 시행하고 있는 복지라는 행정이 얼마나 취약한 것인지를 잘 보여 준 사건이었다. 지방자치의 시대에 '형제복지원' 사건까지 발생하자 사회복지도 지방자치 시대가 필요하다는 생각이 널리 퍼지게 되었다. 그것이 지역사회보장협의체, 엄밀히 말하면 전신인 지역사회복지협의체의 설립과 깊은 관계가 있다.

2001년 10월부터 2002년 11월까지 약 1년 2개월에 걸쳐 지역사회복지협의체의 시범사업이 시행되었다. 1995년 시작된 보건복지사무소 시범사업이 1999년까지 이어지면서 얻어진 결과라 할 수 있다. 보건복지사무소는 보건과 복지서비스를 통합한다는 의미에서 시행된 정책으로 공급자 중심의 복지서비스를 지양하고, 주민들의 복지서비스 접근성을 높이자는 의미에서 각 기초지자체에 전담기구를 설치한 것이다. 전담기구는 지역의 효율적인 복지서비스를 제공을 위해 조사와 서비스 연계를 기본 기능으로 하고 있었고, 지역 내 민간복지 자원을 발굴하고 연계하는 기능도 있었다. 하지만 4년이 넘는 시범사업 시행에도 불구하고 보건복지사무소 정책은 전국적으로 확대되지는 못했다. 여기에는 여러 원인이 있지만, 가장 주요한 원인으로 지목된 것이 공공 분야의 노력만으로는 변화에 한계가 있다는 것이었다. 즉, 지역사회복지 전달 체계의 고도화는 공공 분야의 노력만으로는 효과적인 성과를 내기 어렵다는 것이 시행 결과 확인된 것이다.

이후 당시의 시범사업을 통해 얻은 한계점과 교훈을 바탕으로 민관의 협치 즉, 거버넌스 형태가 도입되어야 한다는 의견이 대두되었다. 복지 행정의 전문화를 꾀하기 위해서는 민간 영역의 참여가 필수적이라는 생각을 하게 된 것이다. 사실 당시만 해도 지역복지 전달 체계의 주요 수행기관들은 대부분 민간의 영역이었다. 지금은 전달 체계의 분화가 많이 진행되어 이름만 들어서는 무엇을 하는 기관인지 알 수 없을 정도로 전문화된 기관도 많이 활동하지만, 당시만 해도 지역에 종합사회복지관 하나 있으면 지역사회의 복지는 거기서 다 수행한다는 생각을 했을 정도였다. 당연히 지역복지 정책의 성공적인 수행을 위해서는 민간 영역의 참여가 반듯이 있어야 했다. 그것이 현재 우리가 보고 있는 민관협치의 대표적인 조직인 지역사회보장협의체의 탄생 이유다. 지역사회보장협의체의 전신인 지역사회복지협의체는 전형적인 거버넌스 조직으로 이름에서 알 수 있듯 광역지자체나 전국적인 조직이 아니라 기초지자체에 필요한 민관협치 조직이다. 지역에서 필요로 하는 복지정책을 머리를 맞대고 논하기 위해 만들어진 조직이다. 그래서 복지 분야에는 유일하게 민관의 공동위원장제를 채택하고 있다. 민간에서는 호선을 통해 민간위원장을 선출하고, 공공에서는 지자체장이 공공위원장직을 맡게 된다. 지자체에서 자의적으로 만든 재단법인이나 사단법인의 경우를 제외하면 복지 분야에서 지자체장이 당연직 위원장이 되는 유일한 법정 단체가 바로 지역사회복지협의체였다.

지방재정계획심의위원회나 지방 건축위원회, 도시계획위원회, 지역건설산업위원회 등도 지자체장이 당연직으로 위원장을 맡는다. 이런 위원회들은 이름에서 볼 수 있듯 이해관계가 첨예하게 걸린 이익이 상충할 수 있는 위원회들이다. 소위 돈이 될 수 있는 사안을 다루는 곳이기 때문에 지자체장을 위원장으로 삼아 지역에서의 예민한 사안들을 심의하도록 하고 있다. 하지만 지역사회복지는 그렇게 대단한 이해관계가 걸린 분야가 아니고 오히려 돈을 퍼 주어야 하는 분야다. 소위 이해득실을 따지는 곳이 아니라는 말이다. 지자체장을 당연직 위원장으로 채택하도록 한 규정은 그만큼 지역사회복지에서의 지자체장의 역할이 중요하다는 것을 명시적으로 선언한 것이다. 다만 안타까운 것은 이런 법적인 의도에도 불구하고 대부분 지역에서 지자체장들은 자신이 지역사회보장협의체 당연직 위원장이라는 사실을 잘 알지 못한다. 잘 알지 못하기 때문에 무엇을 해야 하는지도 잘 모른다. 이것은 현재 지역사회보장협의체가 처한 안타까운 현실을 보여 주는 단면이라 볼 수 있다.

여러 어려움에도 불구하고 주민 주도의 지역사회복지 활동이라는 점에서 지역사회보장협의체는 어느 정도 답이 된다. 지방의 자치적 역할이라는 측면에서 생각할 때 지역사회보장협의체는 일단 주민들이 스스로 참여하고 있다는 일정 요소는 충족하고 있기 때문이다. 자신이 지역사회보장협의체의 공동위원장이라는 사실을 직관적으로 잘 알지 못하는 지자체장이라 할지라도 공무원 직원들의 설명으로 자신의 자리를 어느 정도는 인지할 수 있으며, 역할이 무엇인지 생각해 볼 수도 있다. 따라서 아주 적극적이지는 않아도 공동위원장으로서의 역할도 기대해 볼 수 있다. 지방자치 시대를 열면서 지역사회의 복지분야에도 문제 해결을 위한 민관 거버넌스 기구가 필요하다고 인식하고, 법제화한 정부의 역할도 긍정적인 것이었다.

이렇게 출범한 지역사회복지협의체는 민과 관의 거버넌스 형태를 기본 구조로 삼고 있었기 때문에 지자체장과 선출된 민간위원장 두 사람이 공동위원장 역할을 맡았다. 실무협의체에도 사업부서의 담당 팀장이나 주무관을 당연직 위원으로 두었고, 실무분과도 사업을 담당하는 공무원이 당연직 위원으로 참여한다. 민간의 전문성은 살리되 공공의 행정적 지원을 함께 시도한 것이다. 이런 독특한 형태의 조직이 잘 돌아가게 하기 위해 민과 관 사이에서 이들의 협력과 소통을 담당할 상근 직원이 필요했다. 그것이 2010년 시행된 '상근간사' 제도다. 물론 이전부터 '상근간사'를 두고 있던 지역도 있지만, 이전까지는 대부분 지역에 '상근간사'가 있지 않았다. 보통 다른 일을 하는 사회복지사가 간사 역할을 겸직하고 있었다. 정부에서는 지역사회복지협의체의 활성화를 위해 안정적으로 사무를 담당할 상근 직원을 두도록 규정화했다.

지역사회복지협의체는 지역의 복지와 관련된 정책을 심의하고 자문하고 새로운 사업을 제시하는 기능을 염두에 두고 만든 것이기에 '지역사회복지계획'이라는 사업과 맞물려 있다. '지역사회복지계획'은 중앙에서 지역으로 하달하는 방식의 정책이 아니라 지역에서 지역에 맞는 복지 관련 정책을 스스로 만든다는 의미에서 바텀 업bottom-up 방식의 복지정책 입안이라 할 수 있다. 1990년대 이후 급격하게 변화하고 있는 우리 사회의 복지 수요에 대한 능동적인 대처 방안이라고도 할 수 있다. 이러한 변화는 우리나라에만 국한된 것은 아니다. 세계적으로 비슷한 지역조직이 만들어져 지역복지 정책의 효과적인 시행을 수행하고 있다. 영국의 경우 지역 안전보장 위원회 Local Safeguarding Board 또는 건강 및 복지 위원회Health and Wellbeing Board라는 조직이 있어 지자체 중심의 보건복지 통합전략을 수립한다. 미국에서는 카운티 복지 위원회County Welfare Board라는 조직이 있어 우리로 말하면 기초지자체인 카운티 단위의 공공복리 관리기구를 두고 있다. 일본에는 지역복지 네트워크(지역사회보장협의회)라는 조직이 있어 우리와 가장 비슷하게 복지 네트워크를 중심으로 한 활동을 하고 있다. 사실 우리 지역사회복지협의체는 일본식 모델을 채용한 것이라 볼 수 있다. 가장 중요한 것은 이렇게 지역의 다양한 시민들의 욕구를 충족시켜 주기 위해 행정력이 동원되었다는 것이다. 거기에 갈수록 복잡하게 분화되고 있는 복지 전달 체계의 네트워킹을 도모했다는 점이다. 그래서 지역사회보장협의체의 전신인 지역사회복지협의체가 주민 주도 복지 전달 체계의 시작을 알리는 모범적인 조직이라 할 수 있다.

지역복지 전달 체계에서
지역사회보장협의체의 위치는

지역복지 전달 체계는 시간이 가면서 아주 세밀하게 분화되었다. 초기 전달 체계는 단순했다. 중앙정부에서 결정한 복지정책은 지역에서 단순한 전달 체계를 통해 시행되었고, 주로 공적인 영역이 중심이었다. 1960년대와 1970년대 우리나라는 경제적으로 넉넉한 처지가 아니었고, 국가에서 시혜적으로 제공하는 구호성 복지가 대부분이었다. 지역에서의 전달 체계는 공공 분야의 시혜적인 서비스와 민간에서 하고 있던 복지시설, 사업들이 분절되어 움직였다. 중앙정부의 정책은 지역으로 하달하는 공급자 위주 시혜적인 정책 일변도였다. 생각해 보면 당연한 일이지만, 당시 우리 사회는 국민 대다수가 어렵고 힘들었기 때문에 어려운 이웃의 안타까운 처지에 대해 세금을 들여 체계적으로 돕는 시스템을 만들어야 한다는 사회적 공감대가 넓게 퍼져 있었다고 보기는 힘든 시기였다.

그렇지만 경제 규모가 커지면서 점차 전달 체계에도 변화가 생긴다. 1980년대 후반 우리에게 너무나 익숙한 사회복지관이 동네에 생기기 시작했다. 새로운 아파트 단지가 생기면 거기에는 사회복지관이 함께 들어서는 양상이었다. 주로 임대아파트 단지에서 이런 일들이 있었다. 민간에서 지역사회의 전문적인 복지 전달 체계의 한 분야를 형성하게 되는 이용기관의 등장이었다. 물론 이전에도 장애인 관련 시설이나 구호시설은 민간에서 운영하기도 했다. 민간은 민간대로 나름의 구호체계나 지원체계를 갖추고 운영을 했지만, 공공과의 연계는 거의 없었다. 지금도 '공동생활가정'에서 그런 모습을 엿볼 수 있다. 상황이 녹록지는 않았지만, 초기 사회복지관은 지역사회를 기반으로 복지서비스를 제공하기 시작했다. 주민들을 대상으로 하는 교육이나 상담, 복지프로그램 등을 운영하면서 지역에서 필요로 하는 여러 사업을 전개했다. 그렇지만 여전히 공공과의 연계는 쉽지 않았고, 제도화되기에는 여러 면에서 부족한 부분이 있었다.

우리나라의 지역복지는 앞서 살펴본 지방자치와의 연계성이 매우 큰데 지역복지 전달 체계도 1990년대 지방자치와 함께 진일보하는 경향을 보이게 되었다. 1990년부터는 지역의 문제는 지역에서 해결하는 것이 효과적이라는 인식이 퍼지기 시작했고, 중앙과 지역의 문제가 다르다는 분화 의식이 생겼다. 이때부터는 농촌 지역과 도심 지역의 문제가 분명히 다르다는 인식이 지역에서 확산했다. 대도시와 인구가 적은 지역의 문제가 다르고, 공업이 발달한 지역과 수산업이 발달한 지역의 문제가 다르다는 지역적 특성에 대한 인식이 자리 잡게 되었다. 중앙정부에서 생각하는 복지 문제가 우리 지역과 딱 맞지 않기 때문에 우리 지역에 필요한 정책은 우리가 만들어야 한다는 자각도 생겼다. 그러면서 지역복지에 시민사회운동이 들어오게 되었다. 지역에 따라서는 당시 만들어진 시민단체가 현재도 지역복지 전달 체계의 한 축인 예도 있다. 중앙과 지역이 다르다는 것은 결국 지역의 문제에 대한 인식과 해결책은 중앙에서 찾기 힘들다는 이야기가 된다. 지역의 문제를 제일 잘 아는 사람은 지역의 주민들이다. 당연히 이들의 목소리가 지역의 복지 전달 체계상 포함되어야 한다. 이런 변화 속에서 복지 전달 체계에 민간의 역할이 자연스럽게 확대되었다는 것은 생각해 볼 부분이다. 공공에서 민간의 역할에 대해 가이드 라인을 준 것이 아니라 지역에서 자생적으로 전달 체계 역할을 한 경우가 있었다는 것이다. 물론 정치적으로 이용당하는 민간단체도 있고, 내부에 문제가 발생하는 경우도 있다. 하지만 지역의 전달 체계 발달과 민간의 역할은 매우 밀접한 관계가 있다. 만일 민간의 조직화나 단체화가 추진되지 않았다면 지역복지 전달 체계는 여전히 공공만의 영역으로 남았을 것이다. 그리고 지역의 민간 영역은 공공에 예속된 조직으로 전락했을 수도 있다. 예산이 부족하고, 일할 사람이 없는 민간조직은 언제든 보조금 지급이라는 형태의 공공 편입에 유혹될 수 있다.

이 무렵 지역사회복지협의체가 발족했다. 물론 그 이전 이미 2004년부터 지역사회복지협의체는 일부 지역에서 시범사업으로 운영되고 있었다. 보건복지부에서 「사회복지사업법」을 개정하면서 일부 시·군·구를 대상으로 시범사업을 운영했다. 그리고 2005년 시범사업의 성과를 바탕으로 전국의 모든 시·군·구에서 지역사회복지협의체 설치가 의무화되었고, 본격적으로 사업을 시행했다. 비슷한 시기에 읍면동 지역에 사회복지전담공무원의 배치가 시작되기도 했다. 2010년대에는 맞춤형 복지라는 새로운 통합적 사례관리 시스템이 도입되었다. 읍·면·동을 중심으로 취약계층을 발굴하고 사례관리를 강화한다는 내용의 사업이었다. 일종의 지역 밀착형 사업으로 지역의 어려운 이웃을 직접 찾아 나선다는 의미를 담고 있었다. 2020년 코로나 시대를 맞아 지역복지는 AI라는 새로운 사업 모델을 도입하기도 했다. 지역복지 전달 체계는 시간이 갈수록 더욱 복잡하게 분화되었고 2026년 본격 시행을 앞두고 있는 돌봄통합지원법도 도입되었다. 미래에는 지역복지 전달 체계가 지금보다 훨씬 고도화되고 분화되는 모습을 보일 것이다.

이렇게 발전하고 분화되는 지역사회의 복지 전달 체계에서 지역사회보장협의체는 어떤 존재일까? 여기서 지역사회보장협의체의 이야기를 하면서 빼놓을 수 없는 사회복지협의회 이야기를 해 보고자 한다. 사회복지협의회는 과거 복지 전달 체계상 민간의 유력한 복지 관련 조직이었다. 1961년 「사회복지사업법」이 제정될 때 사회복지협의회라는 존재가 명시되어 있었을 만큼 민간 네트워크의 시초가 되는 조직이다. 사회복지협의회는 순수 민간으로 구성된 조직으로 결과적으로 보면 2005년 법 개정으로 탄생한 지역사회복지협의체의 탄생을 끌어낸 조직이라 볼 수 있다. 지역을 기본 사업단위로 설정한 지역사회복지협의체와 달리 사회복지협의회는 중앙조직과 광역단위조직 그리고 시·군·구의 조직으로 만들어졌다. 초기 대한민국의 사회복지 전달 체계에서 공공의 힘이 미치지 못했던 시절 사회복지협의회의 역할은 공공과 민간을 망라해 열거되어 있다. 사회복지협의회의 정관상 사업목록을 보면 마치 복지재단과 종합복지관과 복지 연구소와 모금회 등을 모두 합친 것 같은 매머드 한 내용이다. 당시엔 그럴 수밖에 없었다. 복지 전달 체계에서 민간 분야는 개별적으로 운영되는 시설 또는 기관으로 네트워크는 거의 이루어지지 않았기 때문이다. 초기 사회복지협의회에는 지금은 분화되어 따로 독립된 사회복지 분야의 여러 민간기관, 단체들이 망라되어 소속하고 있었다고 볼 수 있다.

사회복지협의회의 역할과 역량은 지역마다 상이하다. 자율적으로 수익사업을 하는 지역도 있고, 지자체에서 보조금을 받는 데도 있으며, 사업을 위한 사업비만 받는 경우도 있다. 지역마다 처한 상황이 달랐다. 활발하게 활동하는 지역의 경우는 분명 자생력을 가지고 있다. 수익사업도 지역화되어 정착된 모습을 볼 수 있다. 다시 말해 필요한 사업을 통해 지역에서 일정 수준 이상의 수익을 내고 이것을 통해 운영비와 사업비를 충당하고 있다는 것이다. 사회복지협의회는 자체적으로 후원금을 관리하는 기능도 있으며 모금사업도 할 수 있다. 이런 점은 사회복지협의회의 가장 큰 매력이고, 장점이다. 조직을 운영하는 데 목적사업과 기능이 매우 유동적이고 변화무쌍하다. 연구조사 기능도 있어 이론적으로는 연구재단과 같은 역할도 할 수 있다. 지역사회보장협의체와 협력적인 구도를 가진다면 분명 시너지 효과를 거둘 수 있는 아주 유용한 조직이라 할 수 있다.

경험적으로 보면 지역사회보장협의체의 약한 부분을 사회복지협의회에서 힘 실어 줄 수 있다. 반대로 민간조직인 사회복지협의회의 어려운 부분을 공공 성격이 강한 지역사회보장협의체에서 밀어줄 수 있다. 가장 효과적인 모델은 지역사회보장협의체 사무국과 사회복지협의회 사무국을 통합하는 것일 수도 있다. 예를 들면 지역사회보장협의체 사무국 내에 사회복지협의회 업무를 담당하는 직원을 두는 것도 하나의 예가 될 수 있을 것이다. 몇 년 전 사회복지협의회 지원 예산이 일몰된다는 말이 있었다. 그래서 지자체의 지원이 아예 없어지는 것 아니냐는 우려가 있었다. 지역마다 상황이 조금씩 다르기는 하지만 사회복지협의회 사무국 직원의 처우는 열악한 편이다. 사회복지협의회 사무국 직원들의 처우가 어느 정도 개선되려면 보장협의체 사무국 직원처럼 법제화가 필요할 수 있다. 사실 사회복지협의회와 지역사회보장협의체의 역할과 기능에 대해 정확하게 어떤 점이 다르고, 무엇이 차이점이냐 묻는다면 명확하게 대답하기 어려운 측면도 있다. 분명 다르지만, 또 어떤 점에서는 비슷하고, 기능상 다른 점이 있는가 하면 지역에 따라 협의회의 몫을 협의체가 담당하고, 협의체가 해야 할 일 같은데 협의회가 하는 예도 있기 때문이다. 지역복지 전달 체계 상에 가장 효과적인 모습은 협력적으로 함께 일하는 것이고, 그러기 위해서는 사무국 직원들이 안정적인 위치에서 일에 전념할 수 있는 여건을 조성하는 것이 중요하다. 일부 지역에서 사회복지협의회와 지역사회복지협의체 간에 불편한 상황인 곳도 있다. 하지만 조금만 적극적으로 생각하면 분명 함께하면서 더 큰 시너지 효과를 거둘 수 있는 조직이라 본다. 그러기 위해서는 좀 더 서로를 이해하고 돕고자 하는 역지사지의 마음이 있어야 할 것이다.

지역복지 전달 체계에서 공공의 역할이 커지면서 민간과의 연결, 협력, 소통에서 네트워크 기능이 더욱 중요한 요소로 주목받게 되었다. 전달 체계에 참여하는 민간기관이 많은 지역일수록 더욱 그렇다. 지역사회보장협의체의 네트워크 역할이 전달 체계의 효과적인 운영에 필수적인 요소로 주목받게 된 것이다. 대부분 지역에서 지역사회보장협의체에는 지역 내 다양한 복지사업을 수행하는 기관이나 단체의 직원들이 대거 위원으로 참여한다. 이들의 참여는 자연스럽게 지역 내 여러 기관의 네트워크로 이어진다. 지역사회보장협의체 가지고 있는 네트워크 기능은 보장계획의 수립이나 모니터링에만 유용한 것이 아니라 지역의 복지 전달 체계의 효과적인 연결과 협력을 위해서 더욱 필요한 것이다.

지역사회복지협의체에서 지역사회보장협의체로

지역사회복지협의체가 지방자치와 함께 출범했다는 것은 지역의 중요성이 그만큼 커졌다는 의미다. 그래서 지역사회복지협의체는 출범과 함께 4년마다 수립해야 하는 중장기 법정계획인 지역사회복지계획의 수립을 주도하게 되었다. 구체적으로는 2005년 7월 「사회보장기본법」 제16조에 따라 지방자치단체가 4년마다 지역사회복지계획을 수립하도록 의무화되면서 제도화되었다. 각 지역에서는 법률 규정에 따라 의무적으로 수립해야 하는 계획으로 제1기 지역사회복지계획은 2005~2008년에 각 지자체에서 수립되어 시행되었다. 2005년 지역사회복지협의체가 탄생한 해이기 때문에 지역사회복지협의체와 지역사회복지계획은 같이 출발한 것이라 볼 수 있다. 즉, 지역사회복지협의체는 지역사회복지계획의 수립과 시행에 핵심적인 역할을 하기 위해 탄생한 것이다.

지역사회복지계획은 지방분권의 주체인 주민들의 참여를 강화하기 위한 계획이다. 중앙정부의 상명하달식의 정책이 아니라 지역의 실정에 맞는 복지정책을 만들고 시행하겠다는 의미에서 시작된 것이다. 사실 지역적인 문제는 중앙정부가 홀로 정책을 만들고 시행하기에는 어려운 측면이 있다. 가령 인구가 5만 명도 안 되는 작은 농촌 지역과 인구가 100만 명이 넘는 대도심의 기초지자체 주민 욕구와 지역적인 사회환경이 같을 수 없으므로 지역적으로 필요한 정책은 다르다고 할 수 있다. 이런 지역적 특성을 중앙정부가 모두 고려해 정책을 입안하고 시행한다는 것은 불가능에 가까운 일이다. 그리고 무분별하게 생겨나는 복지사업과 기관, 단체와 시설을 효과적으로 관리해 한정된 재원을 합리적으로 배분하고 집행해야 한다는 목적도 있다. 지역사회의 복지사업의 다양성을 고려해서 지역마다 필요한 기관과 시설을 중앙정부에서 모두 조정한다는 것 역시 불가능에 가까운 일이기 때문이다.

지역사회복지계획은 지역의 복지 관련 정책을 만든다는 의미에서 지역별로 수립한다. 광역지자체도 별도로 계획을 수립한다. 중앙정부 역시 정부의 복지계획이라 할 수 있는 사회보장 기본계획을 수립하고 있다. 다만 중앙정부의 사회보장 기본계획은 지역의 보장계획과 달리 5년마다 수립된다. 이것은 대통령의 임기와 맞물린 문제인 것으로 보인다. 지역의 복지계획 수립 기간이 4년인 이유도 지자체장의 임기와 맞추려는 의도이기 때문이다. 중앙정부가 대통령의 임기인 5년마다 계획을 수립하기 때문에 지자체에서 복지계획을 수립할 때 반드시 참고해야 하는 국가 상위계획과의 연관성에서 애로 사항이 발생하곤 했다. 이미 사회보장 기본계획이 끝나가는 마당에 4년 뒤까지 이어지는 지역의 복지계획 수립에 적용하는 것이 맞는가 하는 문제가 발생하는 것이다. 이런 문제는 지역사회복지계획이 지역사회보장계획으로 바뀐 지금도 마찬가지다.

지역에서 수립하는 지역사회복지계획과 중앙정부에서 수립하는 사회보장 기본계획의 차이점은 다음과 같다. 지역사회보장계획에 관한 내용은 뒤에서 다시 거론하기로 한다.

구분	사회보장기본계획(중앙정부)	지역사회복지계획(지자체)
법적근거	「사회보장기본법」 제15조	「사회보장기본법」 제16조
수립주체	보건복지부장관	시도지사(광역) 시·군·구청장(기초지자체)
수립시기	매 5년마다	매 4년마다
적용지역	대한민국 전체	해당 지자체(광역 또는 기초)
성격	국가 차원의 최상위 복지·사회보장 종합계획	지역 맞춤형 복지계획
주요내용	국민연금, 건강보험, 기초생활보장, 고용·돌봄·서비스 등 전국적 사회보장 종합 전략	지역 주민 복지 욕구, 지역 자원 연계, 민관협력, 복지서비스 전달 체계 개선
연계성	지역 계획의 기본 방향 제시	상위 계획(사회보장기본계획)을 참고해 수립 및 시행

　지역사회복지계획을 수립하고 시행하는 일에 주도적인 역할을 맡았던 지역사회복지협의체는 2015년 법 개정과 함께 지역사회보장협의체로 명칭의 변경을 하게 되었다. 그때 도대체 무슨 일이 있었던 것일까? 쉽게 말하자면 새로운 법이 생기면서 지역사회복지협의체가 지역사회보장협의체로 명칭도 바뀌고 역할도 늘어나게 되었다. 이때 생긴 새로운 법이란 일명 「보장급여법」이라 불리는 「사회보장급여의 이용·제공 및 수급권자 발굴에 관한 법률」이다. 법률의 이름이 너무 길게 느껴지는 이 법은 어떤 한 사건이 제정 원인이 되었다. 사회복지 분야에서는 이때 제정된 「보장급여법」을 사회복지계의 새로운 헌법이라 불렀다. 즉, 사회복지 분야에서 새로운 질서가 생겼다는 의미다. 신법이 구법보다 우선한다는 일반적인 법적 질서를 고려할 때 그동안 사회복지계의 헌법 역할을 했던 「사회복지사업법」보다 「보장급여법」이 더 우선 적용되고 사회적인 파급효과도 크다.

그렇다면 「보장급여법」이 제정의 원인이 된 사건이란 무엇이었을까? 일명 '송파 세 모녀' 사건이라 불렸던 세 모녀의 안타까운 자살 사건이 그것이다. '송파 세 모녀' 사건을 간단하게 이야기하면 다음과 같다.

2014년 서울시 송파구 석촌동의 반지하에 살던 세 모녀가 한날 극단적인 선택을 한 사건이다. 이들은 생활고에 시달리다 스스로 목숨을 끊었는데 60대의 어머니와 30대인 두 딸이 함께 세상을 뜬 충격적인 사건이다. 60대인 어머니는 식당에서 일하면서 생계를 꾸렸고, 큰딸은 고혈압과 당뇨가 심한 편이었기 때문에 일을 하기 어려웠다. 작은딸은 만화가 지망생이었는데 단기 아르바이트를 하면서 생활했고, 만화 그리는 일로는 수입이 거의 없었다. 이들은 마지막 가지고 있던 돈 70만 원을 봉투에 담아 월세와 공과금으로 써 달라며 집주인에게 남겼고, "정말 죄송합니다."라는 짧은 유서를 남겼다. 스스로 세상을 뜰 정도로 힘들었던 세 모녀가 오히려 집주인에게 폐를 끼쳐 미안하다는 메시지를 남겨 사람들의 눈시울을 뜨겁게 만든 사건이다. 이들의 냉장고는 텅 비어 있었고, 집세와 공과금도 밀려 있는 상태였다. 아마도 그래서 미안하다는 메시지를 남겼던 것으로 보인다.

이들 세 모녀 사건은 공적 부조라 할 수 있는 기존 복지제도의 한계와 문제점을 잘 나타낸 사건으로 기록되었다. 당시 이들은 기초생활 보장제도의 도움을 받기 위해 송파구청에 문의한 적이 있었다. 하지만 결과적으로 그렇게 되지 못했다. 당시의 제도로는 이들을 도와줄 방법이 없었다. 기초생활 보장을 받지 못한 가장 큰 이유는 '부양의무자' 기준 때문이었다. 부양의무자 기준이라는 것은 본인의 소득이나 재산이 없어도 부양할 수 있는 가족이 있는 경우 가족의 재산과 소득도 심사해 기준이 넘으면 기초생활 보장을 받을 수 없다는 기준이었다. 세 모녀에게는 남동생과 친척이 있었기 때문에 부양의무자 기준을 충족하지 못했다. 평소 연락도 되지 않고, 돌아본 적 없는 친척 때문에 현재의 생활이 어려워도 제도상 수급자가 될 수 없었다. 물론 당시에도 긴급복지지원제도가 있었다. 하지만 세 모녀는 이 제도를 알지 못했고, 본인이 신청해야만 도움을 받을 수 있다는 신청주의 원칙 때문에 공적인 지원을 받을 수 있는 문턱을 넘지 못했다. 송파 세 모녀 사건 이후 부양의무자 기준은 많이 완화되었고, 단계적으로 개선되어 2021년 이후 생계급여에서는 완전히 사라지게 되었다. 최소한의 삶 유지를 위한 지원은 반드시 있어야 하기에 맞춤형 급여 중 생계급여의 경우만큼은 부양자와 관계없이 지원하게 된 것이다.

송파 세 모녀 사건으로 우리 사회는 정말 공황 상태에 빠졌다. 경제적으로 당장 죽을 만큼 힘든 대한민국의 국민이 어디에서도 도움을 받을 수 없어 극단적인 선택을 해야 한다면 과연 우리 사회는 OECD 국가에 속한다는 말을 할 수 있을까? 우리가 과연 선진국이라는 말을 할 만큼 사회의 안전망이 있기는 한 것인가? 국민이 궁핍함으로 죽어 가도 국가에서는 어떤 공적 지원도 할 수 없다는 말인가? 당시의 박근혜 대통령도 이런 문제로 다시는 국민이 허망하게 목숨을 버리지 않을 방법을 찾도록 지시했다고 한다. 그래서 방법론으로 대두된 것이 바로 지역마다 만들어져 있던 지역사회복지협의체였다. 전국의 기초지자체에 설치되어 있던 지역사회복지협의체를 활용해 공적인 지원을 받지 못하는 복지 사각지대의 국민을 발굴하고, 적어도 경제적인 이유로 목숨을 버리지 않을 정도의 도움은 주자는 의미였다. 그것이 바로 지역사회보장협의체로의 변화 이유다.

말하자면 지역사회보장협의체는 지역사회복지협의체 확장판이다. 앞서 본대로 관련 근거가 되는 법률 자체가 변경되었다. 복지협의체라는 용어의 복지는 사회복지 영역에 국한된 민관협력이었다. 복지라는 영역은 노인, 장애인, 아동 같은 전통적이고 한정적인 영역을 말하는 것이다. 하지만 보장이라는 용어로 변환되면서 기존의 사회복지 외에 고용, 주거 심지어 문화와 예술, 교육까지 포괄하는 보장을 해야 한다는 의미로 확장되었다. 복잡하고 복합적인 현대적 의미의 지역보장 전체를 아우르기 위해서는 전통적인 사회복지의 의미에 복합적인 여러 분야가 포함되어야 한다. 실제 「보장급여법」에는 복지라는 개념을 보장이라 확장하면서 단순 사회복지가 아니라 보건, 고용, 주거, 교육, 문화, 환경 등 주민의 삶과 질에 관련된 모든 영역을 포괄한다고 규정하고 있다. 송파 세 모녀 사건에서 놓친 복지 사각지대 외에 지역 주민들의 포괄적인 욕구까지 보장협의체를 통해 관리해야 한다는 의미다. 이것은 앞서 살펴본 복지계획에 보장영역을 포함해 지역사회보장계획이라는 더욱 확대된 지역에서의 계획수립을 의미했다. 다양한 주민들의 욕구를 해결할 수 있는 복합적인 정책이 포함되어야 한다는 것이었다. 이제 지역사회보장협의체에는 지역사회복지협의체에서 수립했던 지역복지계획이라는 개념에 더 포괄적이고 다양한 주민 욕구와 지역사회 환경을 고려한 폭넓은 지역사회보장계획을 수립하고 시행하고, 모니터링 해야 하는 의무가 주어진 것이다.

지역사회복지협의체와 지역사회보장협의체의 차이를 살펴보면 다음과 같다.

구분	지역사회복지협의체	지역사회보장협의체
출범시기	1990년 후반 시범운영 후 2005년 보건복지부 지침으로 운영 됨	2014년 「보장급여법」 시행으로 출범
법적근거	2003년 개정 「사회복지사업법」	「사회보장기본법」과 「보장급여법」
성격	지역복지사업의 수립과 시행	지역보장사업의 수립과 시행
구성	사회복지기관, 단체, 및 공공	사회복지기관, 단체 및 공공과 주민

그리고 또 한 가지 중요한 요소가 있다. 그것은 바로 '읍면동지역사회보

장협의체'가 만들어졌다는 것이다. '읍·면·동'이라는 용어는 기초 지차체 내에 구성되어 있는 행정단위를 말한다. 서울처럼 읍과 면이 없는 지역은 '동 협의체'라는 이름으로 불린다. 반면 동이라는 행정구역이 없는 지역은 '읍·면 협의체'라고도 불린다. 여기서 중요한 것은 기초지자체를 구성하는 더 작은 행정단위까지 지역사회보장협의체를 설립했다는 것이다. 왜 그럴까? 그것은 앞서 보았던 송파 세 모녀 사건 때문이다. 제도권에서 지원을 보장받을 수 없는 사람들을 효과적으로 발굴하고 지원하기 위해서는 더 세밀하게 지역을 살필 수 있는 세부적인 단위의 보장협의체가 필요하다는 생각 때문이었다.

읍면동지역사회보장협의체는 2015년 지역사회복지협의체가 지역사회보장협의체로 전환될 때 탄생했다. 지역별로 차이가 있지만, 대체로 이 무렵 모든 지역에 만들어졌다. 문제는 읍면동지역사회보장협의체는 만들어진 후 몇 년 동안 그대로 방치되다시피 했다는 것이다. 이유는 기초 단위의 지역사회보장협의체를 만들면서 무엇을 해야 하는지, 어떻게 해야 하는지, 예산은 얼마나 세워야 하는지 등의 행정적인 후속 조치가 없었기 때문이다. 복지 사각지대를 발굴한다는 큰 명제는 만들어 놓았지만, 도대체 어떻게 복지 사각지대를 발굴한다는 말인가?

기초 단위 지역사회보장협의체 위원은 읍·면·동장의 추천으로 지자체장이 위촉하는 구조로 구성되었다. 인구가 많은 도심 지역에서는 위원 위촉이 어렵지 않을 수 있지만, 인구가 적은 소도시에서는 기존 단체들도 위원을 채우지 못하는 상황이다. 이런 상황에서 새롭게 보장협의체를 구성한다는 것이 쉽지 않았다. 공무원들은 기존의 단체에서 활동하는 사람들을 위주로 보장협의체를 구성할 수밖에 없었고, 이들은 초기 지역사회보장협의체가 무엇을 하는 조직인지 잘 알지 못하는 상황에서 위원으로 위촉되었다. 그렇지 않은 지역도 있겠지만, 대부분의 소도시에서는 새마을부녀회,

주민자치위원회, 이·통장, 바르게살기위원회, 여성단체, 적십자봉사회, 지역체육회, 의용소방대, 청소년선도위원, 자율방범대 등 기존 지역에서 활동하는 사람들을 위주로 구성되었다. 심지어 한 사람이 3~4개 또는 그 이상의 단체에서 동시에 활동하는 경우도 있었다. 당연히 이들은 보장협의체의 역할과 기능에 대한 사전 지식이 부족했다. 초기 읍면동지역사회보장협의체는 구성하는 것에 신경을 곤두세웠다. 일단 정해진 기간 내에 구성을 마쳐야 한다는 규정에 쫓기고 있었다.

복지 사각지대 발굴은 말 그대로 사각지대에서 고통을 받는 사람들을 찾는 일이다. 사각지대라는 말은 잘 보이지 않는 곳이란 뜻이다. 제도권에서 볼 때 발견하기 어려운 사람들을 일컫는 것이다. 법적으로 제도적으로 도와줄 수 없다는 말은 법적으로 제도적으로 찾기 어려운 곳에 있는 사람들이라는 말이다. 그런데 사법권도 없고, 예산도 거의 없으며 사례관리 경험이나 지식이 거의 없는 읍면동지역사회보장협의체 위원들이 어떻게 국정원에서나 수행해야 할 이런 은밀하고 어려운 일을 할 수 있을까? 그나마 시골은 개방된 곳이 많고, 주민들 간의 소통에 큰 애로 사항이 없어 은둔하고 있는 사각지대의 어려운 이웃을 발견할 가능성이 있다. 그렇지만 도심지역의 경우 문 걸어 잠그고 들어가 혼자 은둔한다면 무슨 수로 이들을 발굴할 수 있을까? 복지 사각지대에 있는 어려운 이웃을 발굴한다는 것은 현실적으로 매우 어렵다. 실제 현장에 가 보면 보장협의체 위원들이 복지 사각지대 발굴을 어떻게 해야 하냐고 묻는 경우가 있는데 솔직히 현명한 답을 내놓기 어렵다. 사실 읍면동지역사회보장협의체 위원들에게 거의 불가능에 가까운 일을 하라고 말하는 것이나 마찬가지다. 그렇게 어려운 복지 사각지대 발굴이 보장협의체의 주요 기능이라고 말해야 하는 사무국 직원들이나 공무원들의 입장도 미안한 것이다. 보건복지부에서 내놓은 보장협의체 운영 매뉴얼에도 특별한 비법은 없다. 동네의 슈퍼마켓이나 편의점을 활용하라, 야쿠르트나 우유처럼 매일 뭔가 배달을 하는 사람들과 협조해라, 택배원들과 소통하면서 사각지대를 발굴하라 등의 내용이 나름의 방법이라고 소개되어 있다. 생각할 수 있는 범위의 방법론이기는 하지만, 정작 복지 사각지대 문제는 매년 발생하고 있으며 늘어나는 추세이기도 하다.

실제 송파 세 모녀 사건과 비슷한 사건은 읍면동지역사회보장협의체가 발족한 이후로도 계속 발생했다. 복지 사각지대에서 공적인 도움을 받지 못해 극단적인 최후를 맞이하는 사람이 없게 하자는 취지가 무색할 정도로 비슷한 사건은 많이 일어났다. 2019년 탈북 모자 아사 사건은 탈북 후 한국에서 정착해 살던 모자가 경제적인 어려움으로 굶어 죽은 뒤 한참 뒤에 발견된 안타까운 사건이었다. 이들도 도움을 받기 위해 공공기관을 찾았던 적이 있었던 것으로 알려지면서 국민들의 마음을 아프게 만들었다. 2018년에는 충북 증평의 모녀 사망 사건이 있었다. 남편과 사별한 후 네 살짜리 딸을 키우던 40대 여성이 경제적인 어려움에 시달리다 사망한 후 발견된 사건으로 송파 세 모녀 사건과 비슷한 유형의 사건이었다. 비교적 최근이라 할 수 있는 2022년에는 수원에서 또다시 세 모녀가 세상을 뜨는 사건이 터졌다. 이들은 가족들과 관계가 단절되었고, 지병이 있었기에 일을 하지 못했고, 경제적으로 큰 어려움을 겪었다. 이들이 마지막으로 남긴 유서와 메모는 송파 세 모녀 사건과 거의 판박이였다. 이 외에도 언론을 통해 알려지지 않았지만 크고 작은 사건들이 있었고, 내용은 대부분 비슷했다. 이것은 경제적인 어려움이 단지 개인의 능력 유무나 근로하고자 하는 의욕과 달리 사회 구조적인 문제일 수 있다는 것을 보여 주는 사례다. 우리나라의 복지시스템이 이들을 구해 내기에는 아직도 부족한 부분이 많다는 것을 보여 주는 사건들이다.

이렇게 보이지 않는 곳에서 고통받는 이들을 발굴하고 지원하는 일이 쉽지 않기 때문에 지금도 읍면동지역사회보장협의체를 중심으로 지역 곳곳에서 사각지대의 어려움을 겪는 사람은 없는지 찾는 움직임이 계속되고 있다. 하지만 이런 노력에도 불구하고 효과성에는 의문이 있다. 읍·면·동 보장협의체의 문제와 기능에 대해서는 뒤에서 다시 살펴보자.

지역사회보장협의체로 전환한 뒤에는 대부분 지역에서 지역사회보장협의체 사무국이 생겼고, 상근 직원들의 수가 늘어나기 시작했다. 이전까지는 전국의 거의 모든 지역에는 보장협의체 업무를 지원하는 상근간사 한 사람만 근무하는 것이 일반적이었다. 하지만 보장협의체 전환 이후 사무국의 직원은 3명 이상인 지역이 상당히 많이 늘어났다. 직원이 많은 곳은 6명 이상이 근무하는 지역도 있다.

지역사회보장협의체 업무를 지원하는 직원은 초기부터 '간사'라는 직함을 사용했다. 여기서 말하는 간사幹事란 어떤 업무를 수행하는 사람일까? 사전적인 의미로는 단체나 기관의 사무를 주도적으로 처리하는 사람을 말한다. 그렇지만 우리 사회에서 일반적으로 통용되는 직함은 아니다. 기업이나 기관에 간사라는 직함을 가진 사람은 거의 없다. 의외로 간사라는 직함을 널리 사용하는 곳은 정치 영역이다. 특히 국회에서의 간사는 아주 중요한 요직으로 통한다. 각 상임위원회에는 교섭단체인 정당별로 간사들이 있다. 정당별 간사는 정당의 대변인 역할을 한다. 소속 정당의 의견을 대표해 발언하고 다른 당과 의견을 조정하는 역할을 한다. 이 과정에서 협상도 하고 사전 조율도 한다. 법제사법위원회의 정당별 간사들은 다른 상임위를 통과한 법안이 본 회의에 올라가기 전 최종적으로 검토해 조정하는 막강한 권한을 가지기도 한다. 그래서 일반적으로 간사는 경험이 많은 중진 의원들이 맡게 된다. 간사라는 직함을 가지고 있는 단체나 기관에서도 정치권과 비슷하게 중요한 역할을 담당한다. 의견을 중재하고 조율하는 기능을 수행한다. 지역사회보장협의체 출범 시 사무국 직원의 직함을 간사라고 명명한 이유는 정치 영역에서의 간사와 비슷한 기능을 해야 한다고 봤기 때문일 것이다.

지역사회보장협의체 사무국 직원들의 신분은 민간인이다. 소수의 지역에서 공무원이 간사 역할을 하는 곳도 있지만, 대부분 지역에서는 민간인 신분으로 채용된다. 사무국 직원을 고용하는 사람은 운영 매뉴얼에 따르면 민간공동위원장이다. 즉, 민간위원장이 민간인인 사무국 직원을 채용하는 방식이다. 그렇지만 지역사회보장협의체 사무국 직원의 급여를 민간에서 제공하는 곳은 전국에 단 한 곳도 없다. 그렇다고 중앙정부가 제공하지도 않는다. 광역지자체인 경기도나 서울시가 제공하지도 않는다. 오로지 기초지자체인 시·군·구에서 급여를 지급한다. 일부 사업에 따라 도에서 지자체와의 매칭 예산으로 일정 비율 제공하는 일도 있지만, 특별한 경우다. 지역사회보장협의체의 활성화를 위해 존재하는 사무국 예산은 공공기관인 기초지자체가 담당한다. 이런 방식은 지역사회복지협의체였을 때나 지역사회보장협의체로 전환된 뒤에나 변함없이 유지되고 있다. 사무국 직원 중 다만 10% 정도라도 광역지자체나 중앙정부가 사무국 운영 예산 지원을 해 주기를 바라는 사람도 있다. 이유는 100% 기초지자체의 예산으로 사무국이 운영되는 경우 기초지자체의 힘이 지나칠 정도로 강하게 사무국에 작용하기 때문이다. 즉, 기초지자체 공무원들이 사무국 운영에 대해 얼마든지 갑질을 할 수 있다는 것이다. 이런 우려는 기우가 아니다. 실제 공무원의 갑질에 관계된 갈등은 현장에서 비일비재하게 발생한다.

지역사회보장협의체로 전환되었지만, 예산 관련 규정은 그대로 유지된 이유가 중앙정부와 광역지자체의 기관 이기주의 때문이라는 비판도 있다. 중장기 계획인 지역사회보장계획을 수립하거나 연차별 시행계획을 수립할 경우 중앙정부나 광역지자체에서 날짜를 정해 계획서나 결과서를 제출하라고 기초지자체에 요구한다. 이렇게 업무적으로는 상위기관 노릇을 하면서 예산은 기초지자체가 알아서 하라고 규정한 것은 자신들의 예산은 쓰지 않으면서 상위기관이라는 지위는 누리겠다는 이기적인 발상이라는 것이다. 중앙정부와 광역지자체가 상위기관으로의 지위와 위계질서는 따지지만, 예산을 지원하거나 책임지는 모습은 보여 주지 않는다는 것이 지금 지역사회보장협의체가 처한 힘든 현실이다.

물론 중앙정부와 광역지자체에서 예산을 받는 것이 꼭 좋은 것만은 아니라는 의견도 있다. 중앙정부와 광역지자체에서 조금이라도 예산을 받으면 그렇지 않을 때보다 더 심하게 간섭을 받거나 감독을 받을 수 있다. 중앙정부나 광역지자체의 간섭은 해당 지역의 특수성을 무시하고 상명하달 방식으로 전달되어 지역 의견이 무시될 수 있다. 그리고 경기도의 '무한돌봄' 사업에서 볼 수 있듯 어느 날 갑자기 지원 예산을 없애고 해당 사업을 일몰시켜 버리면 지역사회보장협의체 사무국이 없어질 수도 있다. 실제 무한돌봄센터는 초기 경기도의 의욕적인 지원을 받으며 전국적으로 선풍적인 주목을 받았지만, 정책을 주도했던 도지사가 바뀌고 중앙정부의 사례관리 사업이 변화하면서 하나둘 사라지게 되었다. 현재 경기도 내에 남아 있는 지역은 불과 몇 개 되지 않는다. 광역지자체의 예산 지원을 받을 때는 좋았지만, 정책의 변화에 따라 지역의 요구는 무시될 수 있다는 것을 보여 주는 좋은 사례다. 또한, 중앙정부나 광역지자체에서 예산 지원을 받으면 기초지자체의 의견보다 중앙정부나 광역의 의견이 우선시 되어 기초지자체 입장에서는 애정을 가지고 사업을 하지 않으려는 경향도 있다. 어찌 보면 당연한 일이지만, 상위기관에서 지시하는 일에 대해 애정과 열정을 가지고 의욕적으로 일한다는 것은 쉬운 일이 아니다. 이런저런 이유로 인해 예산의 100%를 기초지자체가 부담하는 것이 좋은 것인지 중앙정부나 광역지자체에서 일부라도 지원하는 것이 더 효과적인지는 향후 더 깊은 논의가 있어야 할 주제라 하겠다.

여러 제약이 있음에도 불구하고 지역사회보장협의체의 조직은 성장하고 있으며 예산의 규모도 커지고 있다. 따라서 사무국 조직은 보장협의체 전환 후로 상당 부분 성장세를 지속하고 있다. 그런데 여기 한 가지 짚고 넘어가야 할 부분이 있다. 그것은 바로 보장협의체의 출범 이후 시·군·구 보장협의체 조직이 침체 또는 경직되는 경향을 보인다는 것이다. 이것이 무슨 의미인가? 지역사회복지협의체 시절에는 읍면동 보장협의체라는 조직이 없었고 시·군·구에는 실무분과를 중심으로 활동하는 조직이 활성화되어 있었다. 물론 실무협의체도 있었고, 대표협의체도 있지만, 실제 사업을 담당하는 몸통 역할은 실무분과였다. 대부분 지역에서 실무분과 위원은 해당 업무의 실무자 또는 전문가들로 구성되었고, 다양한 주제를 다루는 실무분과가 만들어졌다. 이들이 바로 지역사회복지협의체 사업의 상당 부분을 담당했다. 당시에는 기본적으로 장애인분과, 아동청소년분과, 기획분과, 여성분과, 다문화분과, 보건의료분과, 노인분과, 사례분과 등 분과의 명칭과 담당하는 전문 분야의 차이는 있겠지만, 복지 영역의 여러 주제를 아우르는 분과들이 지역마다 구성되어 활발하게 활동했다.

포천시지역사회보장협의체 조직도

실무분과는 「사회보장급여법」에도 구성과 기능이 나올 정도로 중요한 조직이다. 실무분과가 수행하는 핵심 역할은 분야별로 전문화되어 있으므로 각 분야에 맞는 특화된 서비스를 시행한다. 위에서 언급한 분과에서는 분야별로 지역에 맞는 정책을 찾거나 주민 복리 증진을 위한 사업을 기획하거나 제안했다. 대부분 실무분과 위원들이 해당 분야에서 일하는 전문가

이거나 관심이 있는 지역 주민들로 구성되었기 때문에 가능한 일이다. 비록 지역사회보장협의체 실무분과에 주어지는 사업 예산이라는 것이 아주 적은 경우가 많지만, 대부분 지역에서 실무분과 위원들은 명예직 위원으로서 헌신적인 활동을 했다. 포천시의 경우를 예를 들면 주로 지역에서 필요로 하는 정책을 발굴하고 제안하기 위한 주민 욕구 설문 조사를 위주로 사업을 진행했다. 예산은 적은 편이었기 때문에 위원들이 직접 설문지를 들고 다니며 설문 조사를 시행했다. 심지어 이벤트 형식으로 행사장이나 장터에서 설문을 받기도 했다. 그래도 설문이 여의치 않으면 큐알 코드를 제작해 지인들에게 돌리기도 하고 학교나 단체 같은 곳에 협조를 구해 배포하기도 했다. 이렇게 몸으로 뛰면서 얻는 설문 케이스는 작게는 100건 정도에서 많게는 800건이 넘는 때도 있었다. 말 그대로 위원들의 땀과 열정으로 만들어 낸 결과물이었다.

하지만 보장협의체가 발족한 이후 정부 정책이나 사업은 깔때기의 제일 하부 조직에 해당하는 읍·면·동에 초점이 맞춰져 있다. 즉, 정부나 광역지자체나 어떤 정책을 시행하고자 할 때 보장협의체 조직을 활용하고 싶어 한다는 것이다. 사실 읍·면·동 보장협의체는 지역의 복지 사각지대를 발굴하고자 발족했고, 사각지대에서 고통받는 이들에게 직접적인 혜택을 주기 위해 자원을 배분하는 역할도 담당한다. 직접 사업이 없었던 지역사회보장협의체가 가장 작은 지역조직에서부터 직접 복지사업을 하게 된 셈이다. 사정이 이러다 보니 약간은 추상적이고 어려운 지역복지 사업을 시행하는 실무분과보다 읍·면·동 보장협의체가 직관적이고 직접인 사업을 하는 곳이라 인식하는 것 같다. 예를 들면 더운 여름철 어려운 이웃을 위한 건강한 여름나기 사업을 위해 예산을 배분하면 읍·면·동 보장협의체에서는 직접 여름나기 상품을 구입해 대상자에게 나누어 주는 일을 한다. 물품을 살 때부터 나누어 주는 과정 모두가 하나의 사업으로 사진도 잘 나오고, 보도자료 내기도 수월하다. 협의체 위원들을 교육하거나 체육행사를 하거나 바자회 등을 진행한다면 어떤 사업인지 직관적으로 알 수 있고, 적은 예산으로 생색내기 좋다는 장점이 있다.

포천시 읍면동 보장협의체 각종 직접 사업과 행사 사진

상황이 이러다 보니 다소 기능이 확실하게 와닿지 않는 시·군·구 보장협의체의 실무분과보다 읍·면·동 보장협의체 쪽으로 지원과 예산 그리고 관심이 더 가게 되는 것이 아닌가 한다.

하지만 이것은 복지협의체에서 보장협의체로 넘어가면서 발생한 가장 안 좋은 결과물이다. 실무분과의 사업들은 대부분 보장협의체가 반드시 해야 하는 지역사회보장계획 수립과 모니터링에 깊게 관련되어 있다. 이것이 의미하는 것은 다소 추상적이라 체감이 어려울 수 있지만, 실무분과 사업이야말로 지역 주민들의 욕구와 이를 충족시켜 주기 위한 사업들을 만드는 가장 기초가 되는 콘텐츠를 만드는 과정이라는 것이다. 따라서 실무분과의 사업이 위축되거나 축소되면 지역복지의 수준은 하락할 수밖에 없을 것이다. 여러 지역에서 실무분과의 활동이 줄거나 침체되는 것을 볼 수 있는데 안타까운 심정이다. 중장기적인 보장협의체의 발전을 위해서는 직접 사업을 담당하는 읍·면·동 보장협의체의 활성화도 중요하지만, 실무분과의 활발한 활동 역시 매우 중요한 요소다. 지역별로 축소되거나 정체된 실무분과 관련 예산을 증액하고 사무국에서도 보장협의체 활동만큼이나 실무분과에 관한 관심과 지원을 해야 할 것이다.

지역사회보장협의체와
지역사회보장협의체 사무국은
같은 존재가 아니다

지역사회보장협의체의 발전은 지역사회보장협의체 사무국의 발전으로 비롯되었다. 하지만 지역사회보장협의체가 지역사회보장협의체 사무국과 동일한 존재는 아니다. 지역사회보장협의체 사무국은 지역사회보장협의체의 사업과 기능의 활성화를 위해 지원하는 조직으로 지역사회보장협의체에서 고용한 민간 전문가들로 구성된다. 과거 아닌 지역도 있었지만, 보장협의체 사무국 직원들은 전국적으로 모두 '사회복지사'다. 비록 지역사회보장협의체가 직접 사업을 하는 복지기관이나 시설은 아니지만, 복지 관련 기능과 역할을 하고 있는 것은 분명한 일이다.

지역사회보장협의체 전담직원 자격요건 (보건복지부 운영매뉴얼)

직급	자격요건
국장	① 사회복지사 1급 자격증을 취득한 후 지역사회보장협의체에서 6년 이상 근무한 자 ② 사회복지사 1급 자격증을 취득한 후 사회복지관련시설·기관·단체에서 8년 이상 근무한 자 ③ 사회복지사 2급 자격증을 취득한 후 지역사회보장협의체에서 8년 이상 근무한 자 ④ 사회복지사 2급 자격증을 취득한 후 사회복지관련시설·기관·단체에서 10년 이상 근무한 자 ⑤ 7급 또는 7급 상당 이상의 공무원으로 6년 이상 사회복지관련업무를 담당한 자 ⑥ 지역사회보장협의체가 ③-④와 동등한 자격으로 인정하는 자

팀장	① 사회복지사 1급 자격증을 취득한 후 지역사회보장협의체에서 4년 이상 근무한 자 ② 사회복지사 1급 자격증을 취득한 후 사회복지관련시설·기관·단체에서 5년 이상 근무한 자 ③ 사회복지사 2급 자격증을 취득한 후 지역사회보장협의체에서 6년 이상 근무한 자 ④ 사회복지사 2급 자격증을 취득한 후 사회복지관련시설·기관·단체에서 7년 이상 근무한 자 ⑤ 8급 또는 8급 상당 이상의 공무원으로 4년 이상 사회복지관련업무를 담당한 자 ⑥ 지역사회보장협의체가 ③-④와 동등한 자격으로 인정하는 자
직원 (간사)	① 사회복지사 1급 자격증을 취득한 후 지역사회보장협의체에서 1년 이상 근무한 자 ② 사회복지사 1급 자격증을 취득한 후 사회복지관련시설·기관·단체에서 3년 이상 근무한 자 ③ 사회복지사 2급 자격증을 취득한 후 지역사회보장협의체에서 3년 이상 근무한 자 ④ 사회복지사 2급 자격증을 취득한 후 사회복지관련시설·기관·단체에서 4년 이상 근무한 자 ⑤ 9급 또는 9급 상당 이상의 공무원으로 3년 이상 사회복지관련업무를 담당한 자 ⑥ 지역사회보장협의체가 ③-④와 동등한 자격으로 인정하는 자

전담직원이 되기 위한 자격요건은 매우 높은 편이다. 국장의 경우 사회복지사 1급 자격증을 취득하고 지역사회보장협의체에서 6년 이상을 근무해야 지원할 수 있다. 2급의 경우는 8년 이상을 근무해야 한다. 만일 지역사회보장협의체 경력이 없다면 1급의 경우 8년 이상 다른 사회복지 기관에서 근무한 경력이 있어야 하고, 2급의 경우 10년 이상 근무한 경력이 있어야 한다. 지역에 따라 조금씩 다르지만, 현실적으로 사회복지사 2급 자격증을 가지고 웬만한 복지 이용기관에 채용되는 것이 현실적으로 어려우므로 결국 사무국 직원이 되려면 기본적으로 사회복지사 1급 자격증은 있어야 한다는 의미가 된다. 하지만 사무국 직원의 처우는 엄격한 자격요건이 미치지 못하고 있다. 자격요건만 봐서는 급여나 조직 내의 위치가 종합사회복지관의 부장과 비슷한 수준이어야 한다. 하지만 실제는 그렇지 못한 경우

가 많다. 사무국 예산을 100% 지자체 예산으로 충당하기 때문에 정부의 지침에도 불구하고 예산을 집행하는 지자체의 의지에 따라 다른 처우를 받게 된다. 예산을 집행하는 지자체가 사무국 직원을 9급 초봉 급여의 처우로 채용하겠다고 하면 그렇게 되는 것이 현실이다. 이렇게 되면 최저급여 수준에도 미치지 못하는 급여를 받게 되는 셈이라 채용공고를 내도 응시하는 사람이 없게 된다. 사무국 직원의 처우나 수준은 온전히 예산을 집행하는 기초지자체의 의지에 달려 있고 그 의지에 따라 사무국의 능력과 활동 범위도 다를 수밖에 없다.

어렵게 채용의 관문을 뚫고 사무국에 들어온 직원도 정해진 업무 설명서가 없는 혹독한 환경을 경험하게 된다. 지역사회보장협의체는 중앙정부의 정책 의지에 따라 만들어진 법정조직이지만, 예산은 지자체가 담당하기 때문에 아무리 중앙정부에서 매뉴얼을 제시한다 해도 기초지자체는 이를 따라야 하는 의무가 없다. 참고는 해야 하지만 강제력이 없는 업무지침을 규정이라 간주하고 사업을 진행해야 하는 사무국 직원의 입장에서는 중앙정부보다 예산을 담당하는 지자체의 눈치를 볼 수밖에 없다. 채용에 따른 자격규정은 높으나 실제 현장에서는 8급~7급 주무관이 사무국의 국장에게 업무 지시를 하는 때도 있다. 경력과 관계없이 그런 지시를 따라야 하는 것이 사무국의 현실이다.

여기에서 지역사회보장협의체와 예산을 지원하는 기초지자체 그리고 업무지원을 하는 사무국의 묘한 삼각관계가 만들어진다. 민간인 지역사회보장협의체 공동위원장과 사무국 직원 그리고 그들에게 예산을 지원하는 공무원 사이의 균형과 조정 그리고 긴장감은 어느 지역에나 있는 것이다. 지역사회보장협의체는 위촉을 받은 여러 관련 분야 전문가 또는 지역의 위원들이 활동하는 법정조직이다. 이런 조직의 운영을 위해 기초지자체는 필요 예산을 지원한다. 작게는 인건비만 지원하는 수준에 머물지만, 많게는 인건비에 사업비까지 꽤 많은 예산이 지원된다. 예산을 지원하는 공무원과 위촉된 민간 위원들 사이에 사무국 직원들이 있다. 사무국 직원들의 업무가 공무원들과 비슷한 부분이 많아 공무원이라 생각하는 사람도 있지만, 대부분 민간인이다. 이런 묘한 구성은 장점도 있고 단점도 있다.

장점이라면 그래도 어느 정도는 급여나 처우가 보장된 자리라는 것이다. 사무국 직원은 공무원만큼은 아니지만 그래도 안정적인 처우가 어느 정도는 보장된다. 그곳에서 민간 전문가인 사무국 직원들이 전문성을 살려 공공과 민간의 중립적 입장에서 일한다. 따라서 완전한 공공도, 완전한 민간도 아닌 진정한 의미의 거버넌스, 즉 협치가 가능하다. 지역사회보장협의체는 다양한 주체들이 참여하는 지역의 거대 거버넌스 조직으로서 민간 위원들의 전문성은 공공 위원인 공무원들과 비교해 절대 뒤지지 않는다. 하지만 공공 위원인 공무원들이 가지고 있는 다양한 정보와 데이터가 민간에는 없으므로 민간 전문가와 공공 위원들의 협업과 소통은 매우 중요하다. 사무국은 공공과 민간의 가교 역할을 담당함으로써 전체적으로 지역사회보장협의체가 잘 돌아갈 수 있게 만들어 준다.

다음 장은 실제 포천시에서 사무국의 직원을 채용했을 때 공개한 직원 모집 계획안이다. 공고문을 포함해 채용에 필요한 요건과 과제물 제출, 면접시험 등의 내용이 있으며 채점표에 대한 양식도 들어 있다.

포천시지역사회보장협의체 공고 제20○○-○○○호

포천시 지역사회보장협의체 사무국장 채용 공고

　포천시 지역사회복지협의체에서는 지역사회복지업무를 창의적이고 혁신적으로 함께 할 직원을 다음과 같이 모집합니다.

20○○년 ○월 ○○일
포천시지역사회보장협의체 공동위원장

1. 채용분야 및 인원

채용분야	인원	담당업무	근무처
포천시 지역사회보장 협의체 사무국장	1명	포천시 지역사회보장협의체 관련업무 ○ 행정사무의 처리 ○ 지역사회보장 관련 기획 및 사업개발 ○ 협의체 구성체들 간의 조정 및 연계활동 ○ 기타 협의체에서 위임받은 사항 등	포천시 지역사회보장 협의체 사무실

2. 응시자격

채용분야	채용자격 기준

포천시
지역사회
보장
협의체
사무국장
	○ 다음 각 호 중 어느 하나에 해당하는 자
	① 사회복지사 1급 자격증 소지자로 석사학위를 취득하고, 사회복지관련 기관 또는 단체에서 5년 이상 근무 경력 있는 사람
	② 사회복지시설, 사회복지법인 등에서 20년 이상 근무경력이 있는 사람
	③ 지역사회복지협의체에서 ①,②와 동등한 자격으로 인정하는 사람
	  - ①,②와 동등하거나 또는 그 이상이라고 일반적으로 평가는 자격증이나 학위를 소지하고서 동일한 또는 그 이상의 현장경험이 있는 사람
	  - 지방공무원 6급 이상으로 20년 이상 근무경력이 있는 사람
	    (단, 사회복지사 2급 이상 자격증 취득자에 한함)
	  - 석사학위를 취득하고 당해 지역사회보장협의체에서 실무협의체 위원장 및 간사 직위에서 4년 이상 근무경력이 있는 사람

3. 채용기간 및 근무조건

    가. 계약기간: 2년 (연임 가능)

    나. 근무시간: 지방공무원 복무규정에 의한 근로시간

    다. 보수: 일반직 공무원 6급 1호봉 상당 (연봉제)

    라. 기타수당: 「지방공무원보수규정」, 「근로기준법」 및 「사회보험」 관계 법령을 준수해 지급

4. 채용방법 및 일정

가. 제1차(서류전형): 20○○. 08. 29.

나. 제2차(면접시험): 20○○. 09. 15.(예정)

다. 최종합격자발표: 20○○. 09. 19. ※ 개별 유선 통보

※ 단, 서류전형 합격자가 없을 시, 일정이 변경될 수 있음.

※ 서류전형 합격자 중 신원조회를 통해 결격사유 발생 시 면접시험에 응시할 수 없으며, 면접결과 적격자가 없을 시에는 선발하지 않을 수 있습니다.

5. 응시원서 접수

- 접수기간: 20○○. ○. ○.~○.(12일간)
- 접수방법: 이메일 접수(○○○○○○@○○○○.com)

※ 우편 및 방문 접수 불가

6. 제출서류(각1부)

가. 지원신청서 1통: 소정양식 [별첨1 지원신청서]
나. 자기소개서 1통: [별첨2 자기소개서]
다. 최종학교 졸업증명서(학력 확인서)
라. 가족관계증명서
마. 경력증명서
바. 사회복지사 자격증 사본
사. 기타 자격증 사본 (해당자에 한함)
아. 운전면허증 사본

7. 응시자 유의사항

가. 복무는 포천시 지방공무원복무조례에 의합니다.
나. 본 시험 일정은 사정에 따라 변경될 수 있으며, 변경사항은 별도 공고합니다.
다. 경력증명서는 국가 및 지방자치단체·공공법인·국영기업체·정부출연기관에서 발행한 것이어야 하며, 개인이나 임의단체에서 발행한 것은 인정하지 않습니다.
라. 응시서류상의 기재착오 또는 누락이나 연락불능 등으로 인한 불이익은 일체 응시자의 책임으로 합니다.
마. 응시자는 시험시작 30분전까지 주민등록증, 응시표를 지참하고 지정된 장소에 입장해야 합니다.
바. 제출된 서류는 일체 반환하지 아니하며, 제출 서류의 내용이 사실과

다를 경우 합격을 취소할 수 있습니다.
사. 지역사회보장협의체 사무국장으로 선발되어 근무를 하더라도 추후 공무원 으로 임용하거나 임용 시험 시 가산점 등의 혜택은 없습니다.
아. 기타 자세한 사항은 아래로 문의하시기 바랍니다.

- 채용절차 및 담당직무 관련 문의

포천시 지역사회보장협의체 (☎ 031-538-30○○)

【별지 제1호 서식】

응시 원서

채용분야		사무국장	접수번호	(기록하지 마세요)

사진첨부 (6개월 이내 반명함판 사진)	인 적 사 항	성 명	한글		생년월일		성별	
			한자					
		현주소				(우: -)		
		출생지			병역사항	필, 면제, 미필		
		e-Mail				(면제사유)		
		자택전화			휴대폰			

학 력 사 항	학교명	재학기간	전공	수학구분	소재지
				졸업/재학/수료/중퇴	
				졸업/재학/수료/중퇴	
				졸업/재학/수료/중퇴	

경 력 사 항	직장명	근무기간(0년0월)	담당업무(직급)	퇴직사유

자 격 증	자격명	취득일자	발급기관

우대사항	

위 기재 사항은 사실과 틀림없습니다.
20××년 월 일
작성자: (서명 또는 인)

응시원서 작성요령

1. 응시원서는 반드시 소정 양식을 다운 받아 한글로 작성해 제출
2. 응시원서 작성 시 응시자 부주의로 인한 잘못된 기재나 표기는 **응시자 본인의 불이익**이 됨
3. 『응시원서』는 아래의 《**작성요령**》에 따라 작성함.

《작성요령》

① 채용분야 및 접수번호: 미기재
② 주소: 주소는 주민등록상 주소를 기재하며, 연락처는 긴급연락이 가능하도록 정확히 기재
③ 학력: 최종학력을 기준으로 기재
④ 경력: 본인의 모든 사회 경력을 기재
  ※ 기재 공간이 부족한 경우 별첨으로 작성 가능
  ※ 경력은 경력증명서 제출분에 한해 인정함
  ※ 사회복지관련 경력의 담당업무는 상세히 기록함
⑤ 자격: 해당 자격 증명을 기재하되, 해당 자격증 사본 제출
⑥ 우대사항: 국민기초생활수급자·차상위계층 및 한부모가족, 취업보호·지원대상자, 장애인에 한해 기재

【별지 제2호 서식】

자기소개서

1. 응시자 인적사항

○ 응 시 직 급: 포천시지역사회보장협의체 사무국장
○ 성   명:
○ 주   소:
○ 생 년 월 일:

2. 자기소개

20○○. . .
작성자   ○ ○ ○   (서명)

※ 작성요령(예)
  - 위 양식에 따라 자유롭게 기술하되 응시동기, 성장과정, 가족사항, 좌우명, 학교생활 및 전공분야, 향후 업무수행 계획 등이 나타나도록 작성
  - 분량은 A4용지 2~3매 수기 또는 워드프로세서를 사용해 작성

【별지 제4호 서식】

응시자 서약서 및 자격요건 검증 동의서

　본인은 포천시지역사회보장협의체 사무국장 채용시험에 응시하고자 원서를 제출하며 다음 사항을 서약하고 응시자로서 응시요건 해당사항 및 제출서류(경력증명서, 자격증 및 기타 제출서류 등)의 진위여부 검증 시 본인의 개인정보 활용에 동의합니다.
　또한 위의 기재사항이 사실이며, 만일 허위사실이 판명되는 때에는 합격 취소 또는 임용의 취소처분에도 이의를 제기하지 아니할 것과 응시자 주의사항을 엄수하고 위반 시에는 어떠한 조치도 감수하겠음을 서약합니다.

20××년　8 월　　일

성명　　　　(인)

포천시지역사회보장협의체 공동위원장 귀하

붙임 1

서류심사표

| 응시번호 | | 성명 | ○○○ | 점수 | |

심사기준	배점	점수	비고
합계	40		
1. 자기소개서 및 서류 구비 성실성	10		
적합	10		
부적합	0		
2. 자격증	10		자격증(사본) 첨부분에 한함
적합	10		
부적합	0		
3. 자격기준(경력)	10		경력증명 첨부분에 한함
적합	10		
부적합	0		
4. 우대사항	10		한 가지만 적용
취업보호대상자	10		
저소득층	10		
컴퓨터활용능력자(회계능력)	8		
해당없음	6		

※ 한 항목에서 두 가지 이상 적용될 시는 두 가지 중 점수가 높은 한 가지만 적용, 한 항목이라도 0점이 있을 경우 탈락

☐ **심사자**   ○ 소속: ○ 직급: ○ 성명: (서명)

붙임 2

면접심사표

응시번호		성 명		면접점수	
주 소				서류점수	

학력사항		주요경력	
자격사항		기타사항	

심사기준 (배점)	점수	비고
합계 (60점)		
1. 협의체 민간간사로서의 자세 (10점)		
1. 1분간 자기소개를 해 보시겠습니까?		
2. 포천시에 관해 알고 계신 바를 말씀해 주십시오		
2. 전문지식과 응용능력 (10점)		
1. 지역사회복지협의체에 대해 알고 계신 바를 얘기해 주십시오.		
2. 민·관 연계협력 활성화 방안에 대해 말해 보십시오.		
3. 지역사회복지협의체, 사회복지협의회, 사회복지사협회의 차이점은 무엇입니까?		
3. 의사발표의 정확성·논리성 (10점)		
1. 지역사회복지협의체 민간간사 채용에 응시하게 된 이유와 각오는?		
2. 인생의 좌우명은 무엇입니까?		
3. 과정과 결과 중에 어떤 것이 중요하다고 생각합니까?		
4. 예의·품행 및 답변의 성실성 (10점)		
1. 협의체 간사의 가장 필요한 소양은 무엇이라고 생각합니까?		
2. 상사와의 견해차를 어떻게 해소하시겠습니까?		
5. 창의성 및 의지력 (10점)		
1. 본인의 특기, 장점과 단점은 무엇입니까?		
2. 자신의 미래에 관한 생각을 이야기 해 보시겠습니까?		
6. 사회성 및 융화력 (10점)		
1. 이전 직장은 어떠한 사유로 퇴사하시게 되셨습니까?		
2. 본인이 처음 접해 보는 업무를 맡게 된다면 어떻게 대처 할 생각입니까?		

※ 총 배점기준 내에서 예시질문 등을 활용해 심사자가 평가

☐ **심사자**　○ 소속:　　　○ 직급:　　　○ 성명:　　　(서명)

붙임 3

과제평가 심사표

■ 포천시지역사회보장협의체 사무국장

응시번호		성 명		면접점수	
주 소				서류점수	

구분	배점	심사기준	평점
계	50		
발표성	8	소계	
		1. 정확한 발음으로 내용을 전달했는지?	
		2. 발표할 때 표정관리는 적정했는지?	
		3. 발표내용을 충분히 이해하고 있는지?	
논리성	5	소계	
		1. 과제 요약서(PT발표 자료)를 논리적으로 작성했는지?	
적합성	10	소계	
		1. 타 시·군의 잘된 사례와 잘못된 사례의 적합성	
		2. 왜 잘되고 있고, 잘못되고 있는지에 대한 분석 정도	
인지성	17	소계	
		1. 지역사회복지협의체의 역할과 기능, 궁극적으로 지향하는 목표 등에 대해 정확하게 인지하고 있는지?	
		2. 최근 중앙정부의 복지정책추세에 대해 살펴 보았는지?	
		3. 중앙정부의 정책을 지방에서는 어떻게 정책화해야 하는지에 대해 충분히 인지하고 있는지?	
독창성	10	소계	
		1. 지속가능한 사업예시가 포천시 만의 독창성을 유지할 수 있는 사업인지?	
		2. 사업을 성공적으로 완수했을 경우 타 지역에 미치는 영향이 있을 것인지?	

□ 심사자   ○ 소속: ○ 직급: ○ 성명: (서명)

붙임 4

과제평가 평점기준표

구분	배점	평점기준		평점
계	50			
발표성	8			
		1. 정확한 발음..... (2)	아주 좋음 2/ 보통 1/ 나쁨 0	
		2. 발표할 때..... (3)	아주 좋음 3/ 좋음 2/ 보통 1/ 나쁨 0	
		3. 발표내용을..... (3)	아주 좋음 3/ 좋음 2/ 보통 1/ 나쁨 0	
논리성	5	소계		
		1. 과제 요약서(PT발표 자료)를 ..... (5)	아주 좋음 5/ 좋음 3.5/ 보통 2/ 나쁨 0	
적합성	10	소계		
		1. 타 시·군의 잘된 사례와..... (5)	아주 좋음 5/ 좋음 3.5/ 보통 2/ 나쁨 0	
		2. 왜 잘되고 있고, 잘못되고 있는지에 ..... (5)	아주 좋음 5/ 좋음 3.5/ 보통 2/ 나쁨 0	
인지성	17	소계		
		1. 지역사회복지협의체의..... (5)	아주 좋음 5/ 좋음 3.5/ 보통 2/ 나쁨 0	
		2. 최근 중앙정부의..... (6)	아주 좋음 6/ 좋음 4/ 보통 2/ 나쁨 0	
		3. 중앙정부의 정책을 지방에서는 ..... (6)	아주 좋음 6/ 좋음 4/ 보통 2/ 나쁨 0	
독창성	10	소계		
		1. 지속가능한 사업예시가..... (5)	아주 좋음 5/ 좋음 3.5/ 보통 2/ 나쁨 0	
		2. 사업을 성공적으로 ..... (5)	아주 좋음 5/ 좋음 3.5/ 보통 2/ 나쁨 0	

붙임 5

심사 집계표(총괄)

■ 포천시지역사회보장협의체 사무국장

응시번호	지원자 성명	심사위원별 평균점수															평균점수 합계	순위
		A위원				B위원				C위원				D위원					
		계	서류	면접	과제	계	서류	면접	과제	계	서류	면접	과제	계	서류	면접	과제		
2014-01																			
2014-02																			
2014-03																			
						이		하		여		백							

※ 작성 시 주의사항

○ 지원자가 10명을 초과 할 경우에는 본 양식에 표를 추가해 작성한다.
○ 평균합계 순으로 합격자를 결정하고, 합격자가 계약을 포기할 경우 차점자 순으로 계약을 추진하되, 평균합계 점수가 70점 미만인 경우 재선발 과정을 거치도록 한다.

붙임 6

면접심사 의결서

포천시 지역사회보장협의체 채용기준에 따라 사무국장 채용 후보자를 아래와 같이 심사 의결함.

(채용 후보자)

추천순위	성 명	생년월일	비 고

20○○년 9월 일

위원　　　　(인)
위원　　　　(인)
위원　　　　(인)
위원　　　　(인)

붙임 7

면접 심사위원 서약서

본인은 「포천시지역사회보장협의체 사무국장」 채용시험에 따른 면접시험 심사위원으로 응시자를 평가함에 있어 일체의 주관적 행위를 배제하고 공정한 시험 관리에 임할 것을 서약합니다.

20○○년   월   일

소 속:
성 명: (서명)

이런 직원 채용공고문은 지역별로 자주 게재되는데 이유는 의외로 사무국의 직원들 이직률이 높기 때문이다. 사무국을 떠나는 이직률이 높은 이유는 여러 가지가 있겠지만, 가장 많이 거론되는 것은 비전이 약하다는 점과 낮은 임금, 그리고 열악한 복리후생 등이다. 비전이 약하다는 말은 지역사회보장협의체 사무국의 직원으로 오랫동안 근무했다고 해서 다른 복지 관련 기관인 종합사회복지관이나 노인복지관 같은 이용기관으로 이직하는 것이 여의치 않고, 사무국 내에는 국장이란 직함보다 더 올라갈 수 있는 직급도 없다는 의미다.

낮은 임금 문제는 지역별로 차이가 있다. 9급 공무원 수준을 지급하는 지역도 있고, 선임사회복지사로서 호봉을 인정받아 복지관의 부장급 급여를 주는 곳도 있다. 하지만 그 어느 지역의 사무국 직원도 급여가 충분하다고 느끼는 사람은 거의 없다. 복리후생이 좋지 않다는 말은 사무국의 직원들은 대개 2~3명이 근무하는 구조이기 때문이다. 직원이 적으니 사무실이 안정적으로 운영되기 어렵고, 정규직으로서 처우를 보호받을 수 없으며 연가와 휴가, 수당 등에서 온전한 권리를 주장하기 어렵기 때문이다. 심지어 대부분 지역에서 그동안 본인이 근무한 호봉을 인정받지도 못하며, 사회복지 수당을 받지 못하는 예도 있다.

지역사회보장협의체 사무국은 어디까지나 지원조직이다. 사무국이 지역사회보장협의체는 아니다. 최근 지역사회보장협의체와 사회복지협의회의 직원들이 직접 사업을 하지 않는 기관의 직원이라는 이유로 경기도로부터 사회복지 수당을 받지 못하고 있는 것이 이슈가 되었다. 이런 판단은 지역사회보장협의체와 지역사회보장협의체의 사무국을 동일시하는 시각 때문에 비롯된 것이 아닐까 한다. 지역사회보장협의체 사무국 직원들은 경력이 많은 전문 사회복지사로서 지원업무를 위해 고용된 인력이다. 이들은 사회복지사로서의 역할을 수행하고 있기에 기관의 직접 사업 여부와 관계없이 사회복지사로서의 대우를 받아야 한다. 그렇지만 현장에서는 이런 판단이 종종 혼란스럽게 다가온다. 사무국 직원들은 보장협의체의 일원이긴 하지만 의결권이 없는 직원이다. 회의를 준비하고 진행하지만, 회의에서 의결권을 행사할 수는 없다. 이런 신분상의 제한은 국회의 간사와는 사뭇 다른 것이다. 국회에서는 간사가 의원이기도 하므로 의결에 참여하고 자신이 속한 당에서 역할을 하지만, 지역사회보장협의체 사무국의 직원들은 보장협의체 위원이 아니므로 의결권을 가지지 못하고 위원처럼 대우받지 못한다. 국회처럼 중대하고 국민 생활과 직결되는 법률을 다루는 조직은 아니지만, 지역사회보장협의체에서도 중요사안에 관한 의결이 종종 있는데 의결권을 가지지 못한 사무국의 직원을 지역사회보장협의체 위원과 같다고 여기는 것은 분명히 시각에 오류가 있는 것이다.

사실 이런 혼란은 지역사회보장협의체가 상근 직원에 대해 전국적으로 같은 처우, 신분보장 등의 기준을 가지지 못했기 때문에 발생하는 문제라 할 수 있다. 전국의 기초지자체들은 각기 다른 기준과 처우로 상근 직원을 채용했고, 이들은 비슷한 일을 하지만, 지역별로 다른 급여와 처우로 일하게 되었다. 나름 권한을 가진 업무도 있지만, 권한이 없는 경우가 더 많다. 지역사회보장협의체에서 활동하는 위원들은 사무국 직원들을 자신보다 더 지역사회보장협의체에 대해 잘 아는 사람이라 생각한다. 사무국 직원들이 공무원보다 더 업무 능력이 뛰어나다고 보는 사람도 있다. 보장협의체 업무를 오랫동안 보아 온 직원에게 보내는 당연한 믿음이다. 안정적인 지역사회보장협의체 사무국의 운영을 위해 직원에 대한 처우나 신분상의 대우에 대해서는 중앙정부 차원에서 한 번쯤 짚고 넘어가야 한다고 본다. 지역사회보장협의체를 지금보다 더 활성화시키고, 지역복지의 첨병으로서, 전달체계의 허브 기관의 역할을 맡겨야 한다고 생각한다면 말이다.

포천시의 경우 처음 상근간사를 고용할 때는 공무원 7급을 기준으로 급여를 상정했고, 호봉은 3호봉이라고 못 박아 놓았다. 상근 직원이 되기 위한 자격에는 다른 기관에서 6년 또는 그 이상을 근무한 사람을 채용하겠다고 해 놓고, 처우는 3호봉으로 낮추어 설정한 것이다. 이런 일은 포천시의 경우에만 해당하는 것은 아니다. 사무국의 직원으로 들어오려는 사람들은 본인이 호봉을 인정받지 못한다는 사실을 인지한 후 입사해야 한다. 지역사회보장협의체 사무국에서 근무한 경력도 다른 사회복지 기관으로 이직할 때 100% 인정받지 못한다. 80%만 인정하는 것이 정설처럼 받아들여지고 있다. 보장협의체 사무국 직원들이 이직할 때 호봉이나 처우에서 손해를 보는 경우가 많기 때문에 그냥 웬만하면 사무국에서 근무하는 것이 더 유리하다고 생각한다. 섬에 사는 사람들처럼 사무국 직원들은 여타 다양한 사회복지기관들 사이에서 홀로 자신의 직업에 만족하고, 자족하며 살고 있다. 다른 기관으로의 이직은 잘 생각하지 않는다. 만일 이직을 하게 된다 해도 다른 지역의 보장협의체 사무국 직원으로 갈 경우가 많다. 이래저래 사무국 직원들의 이직에는 애로사항이 많다.

지역사회보장협의체는 전국 단위의 조직이 없다. 처음 법률로 조직을 만들 때부터 해당 지자체의 주민 복리 증진과 지역적인 복지사업을 수행하고자 만들었기 때문에 굳이 전국적인 조직이 필요하지 않았다. 대신 법률에 따라 광역지자체와 중앙정부에서 운영하는 '사회보장위원회'가 있다. 하지만 사회보장위원회는 시·군·구에 설치된 지역사회보장협의체와는 성격이 다르다. 광역 이상의 사회보장위원회에는 시·군·구에 설치된 지역사회보장협의체 사무국 같은 지원조직이 없다. 거버넌스 조직이라고는 하지만 실제로는 공공에서 주도적으로 운영을 하고 있다. 중앙정부의 사회보장위원회는 대통령 직속 기구로 여러 심의 안건을 처리하는 말 그대로 심의 기관 역할에만 충실한 조직이다.

그렇지만 지역사회보장협의체 사무국은 전국적인 조직이 있다. 경기도와 같은 광역지자체에도 연합회 조직이 있다. 이것은 '지역사회보장협의체 사무국연합회'라는 이름으로 불린다. 전국 단위의 사무국연합회는 사단법인으로 법인격도 갖추고 있다. 광역지자체의 연합회에는 고유증이 없으므로 전국 단위의 사무국연합회와 광역지자체의 사무국연합회가 같은 뿌리에서 나온 조직이냐는 물음이 나올 수 있다. 다만 광역지자체의 사무국연합회는 법적 조직은 아닐지 몰라도 사무국 직원들로 구성된 조직인 것은 맞다. 따라서 직원 간에 교류와 소통을 활발하게 하고 있고, 1년에 한 번 전국대회, 또는 지역대회라는 이름의 연합행사도 개최한다. 사무국연합회가 노조의 성격을 가져야 하는 것 아니냐는 의견도 있다. 어느 정도 일리가 있는 의견이지만, 현실적으로는 노조의 성격을 갖기가 쉽지 않다. 왜냐하면, 사무국 직원들의 채용 형태가 모두 다르고 이들에게 급여를 주는 주체가 모두 다르기 때문이다. 하는 일과 명칭은 같지만, 사실 엄밀히 따지자면 이들은 모두 다른 직장에서 일하는 사람들이다. 그 때문에 공통의 주제에 대해 논의하고 소통하고 협력하는 차원에서는 가능하지만, 법적으로 노조의 성격을 갖기는 어렵다.

2025년 현재 경기도 사무국연합회의 가장 큰 화두는 광역지자체인 경기도에 있는 사회보장위원회에 사무국을 만들자는 것이다. 지금까지는 경기도의 예산을 지원받고 있는 '경기복지재단'에서 사무국의 역할을 담당했는데 이렇게 지자체의 예하 조직에서 사무국을 운영할 것이 아니라 독립된 민간 전문 조직으로서 사무국을 설치하자는 요구이다. 이미 20여 년 동안 시·군·구에서 민간인 신분인 사무국 직원들이 훌륭하게 지역사회보장협의체 지원업무를 잘 수행했고, 이를 통해 보장협의체의 발전이 있었다고 본다면 경기도의 사회보장위원회도 민간 전문가인 사무국 직원들을 채용해 운영하는 것이 현명한 방법이라고 주장한다. 이런 주장에는 민간이 아닌 공공조직에서 보장위원회 사무국 역할을 하고 있다는 것에 대한 불만도 들어 있다. 경기도 사무국연합회는 경기도가 민간 전문가로 구성된 사무국 설치를 꺼리는 이유가 민간에서 나오는 여러 의견을 부담스러워하고, 공공 편의적으로 운영하기 위함이 아니냐고 묻는다. 업무적으로 필요할 때만 시·군·구의 사무국에 산하 조직처럼 업무 지시를 하는 것에 대한 반감도 있다. 여기서 말하는 필요한 상황이라는 것이 지역사회보장계획의 수립과 이행점검, 결과보고 등의 업무에서 특히 많이 발생하기 때문에 사무국과 광역지자체 사이에 묘한 긴장과 반감이 있다.

경기도 사무국연합회의 의견에도 불구하고 집행부인 경기도의 입장은 단호하게 부정적이다. 현재 경기복지재단에서 광역 보장위원회를 잘 운영하고 있으므로 굳이 민간이 주도하는 사무국을 설치할 필요가 없다는 것이다. 경기도의회의 의원들이 중재에 나서 여러 차례 집행부와 접촉했지만, 태도의 변화는 없었다. 사실 서울시는 아예 공공에서 사회보장위원회를 운영하고 있으므로 경기복지재단이라는 민간에서 사무국 업무를 보고 있는 경기도가 그나마 민관 거버넌스 차원에서 어느 정도는 더 나은지도 모른다. 다만 진정한 거버넌스가 되기 위해서는 민간의 역할과 공공 역할을 서로 존중하고 협력하는 차원에서 보장되어야 하는데 과연 현재의 사회보장위원회의 기능이 그런 거버넌스에 충실한 것인지는 돌아볼 필요가 있다. 집행부의 의견이 완강하다 보니 경기도 사무국연합회도 경기복지재단 내에 전담기구를 두자는 방향으로 현실적인 대안을 내기도 했다.

다음의 자료는 경기도사무국연합회에서 경기도의회와 집행부에 의견을 전달하기 위해 제작한 사무국 설치에 관한 보고서다.

경기도 사회보장위원회 민간 전문 사무국설치에 관한 보고

서울시와 경기도의 사회보장위원회 운영 비교 분석을 통한 민간 전문성 확보방안

경기도지역사회보장협의체 사무국연합회

사회보장위원회 운영의 주요 차이점

사무국 운영 방식
- 서울시: 시청 내부 조직에서 직접 담당
- 경기도: 경기복지재단에 위탁하여 운영
- 서울시는 행정 체계 내에서 직접적 관리 가능
- 경기도는 별도 전문 조직을 통한 독립적 운영 체계 구축

전문성과 접근성
- 서울시: 행정 응답성과 정책 집행력 높음
- 경기도: 외부 전문기관의 연구·지원 기능 활용
- 서울시는 행정 절차와 연계성 강화
- 경기도는 전문 인력 확보와 민간 네트워크 활용 용이

운영 주체의 위치
- 서울시: 시 조직 내 중심 운영으로 정책 결정과 실행 간 연계 강화
- 경기도: 출연기관 중심 운영으로 독립성 확보
- 서울시는 행정 책임성 강화
- 경기도는 민간 전문성과 유연성 확보

서울시와 경기도 사회보장위원회 운영 비교

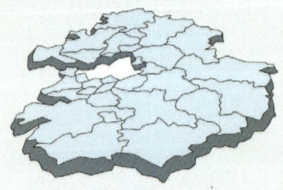

서울특별시
- 조례 근거: 「서울특별시 사회보장위원회 설치 및 운영 조례」
- 위원회 구성: 위원장(시장), 부위원장(행정1부시장), 위원 25명 내외
- 실무협의회: 조례 제10조에 근거 운영
- 전담기구: 시청 복지정책과 내 직접 설치·운영
- 특징: 행정 직속 대응 가능성 높음

경기도
- 조례 근거: 「경기도 사회보장위원회 구성 및 운영 조례」
- 위원회 구성: 위원장(도지사), 부위원장(복지국장), 유관기관 및 민간 전문가
- 실무협의회: 조례 제10조에 근거 운영
- 전담기구: 경기복지재단에 위탁하여 '지원팀' 형태로 설치
- 특징: 재단을 통한 간접 운영, 전문성 강화 중심

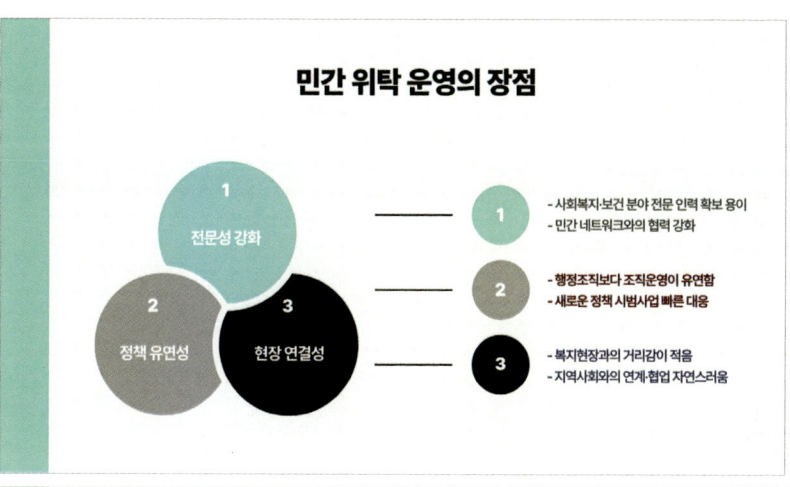

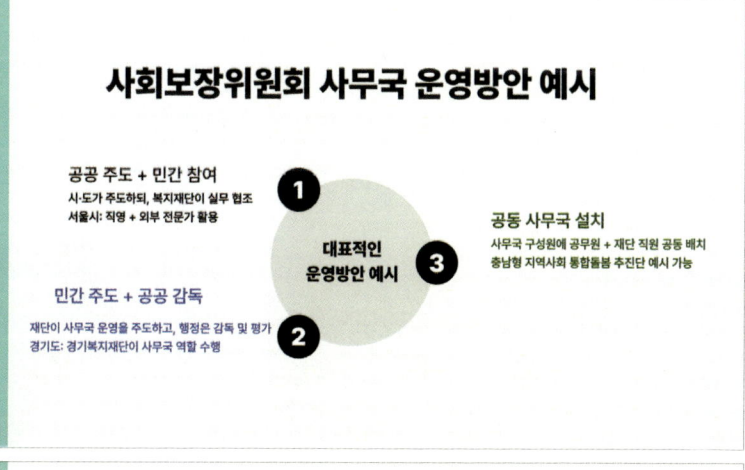

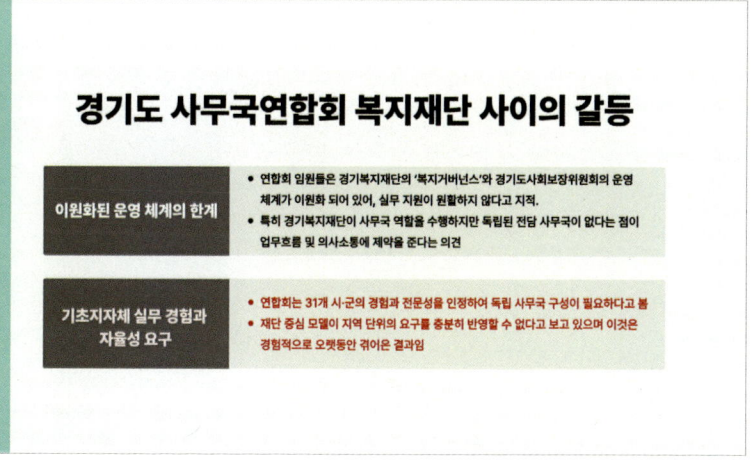

사회보장위원회 사무국설치에 관한 이견

구 분	경기복지재단 운영 모델	연합회(사무국연합회)의 입장
사무국 설치 방식	재단 위탁형 (중앙화)	독립 전담 사무국 요구 (분산형 & 자율성 강조)
지원 방식	재단 중심 → 간접 지원	시·군 협의체 중심 → 현장 중심 실무지원
문제점	실무지원 불충분, 기동성 약화	행정과 단절된 정부·협의체 간 소통 문제 지적

제 언

- 사무국설치 이견의 핵심은 '효율적 공공운영'과 '지역 단위 자율성·전문성 확보' 입니다.
- 경기복지재단이 재단 중심으로 운영되며 실무를 지원하지만, 시·군 협의체 현장의 목소리가 충분히 반영되지 못하는 구조적 한계가 크다는 것이 사무국연합회 평가입니다.
- 이에 따라 사무국 연합회는 20년 동안 운영하면서 증명된 거버넌스 형태의 민간 위주의 독립 사무국 설치를 통해 지역 단위 자율성과 전문성을 강화해야 한다고 봅니다.

지역사회보장협의체
사무국이 해야 할
가장 중요한 역할은

지역사회보장협의체 사무국의 가장 중요한 역할은 무엇일까? 경험상 지역사회보장협의체가 발전하면서 원활하게 돌아가려면 소통과 협력 그리고 민과 관의 협치 즉, 거버넌스가 잘 이루어져야 한다. 그리고 사무국은 이런 소통과 협력, 그리고 거버넌스를 위한 '촉진자'의 역할을 해야 한다. 여기서 말하는 '촉진자'란 직접 문제를 해결하거나 역할을 하면서 상황을 통제하는 사람이 아니라 대상자와 참여자 또는 해당 집단이나 지역사회가 스스로 문제를 해결할 수 있도록 돕는 역할을 하는 사람을 말한다. 좀 더 구체적으로 보면 주민이나 클라이언트가 스스로 문제를 인식하고 역할을 할 수 있도록 회의나 워크숍, 교육 등을 통해 분위기를 조성하는 사람이다. 물론 문제 해결을 위한 과정도 중요한데 회의 방식이나 문제 해결 접근법이 투명하고 소통이 잘되도록 해야 한다. 회의에 필요한 절차도 전문가인 '촉진자'가 관련 규정에 어긋나지 않도록 조정해 주어야 한다. 그리고 문제가 해결될 때까지 필요한 자원을 지원하고 활용할 수 있도록 도와주어야 한다. 참여하고 있는 위원들의 역량이 스스로 문제를 해결하고 필요한 사업을 기획하고 실천할 수 있을 만큼 향상되도록 교육하고 이끌어주는 것도 중요한 역할이다. 사무국 직원이 회의에서 의결하고, 직접 사업에 참여하는 역할을 하는 것이 아니라 위원들의 주변에서 간접적으로 문제가 해결되도록 돕고, 사업이 성공적으로 실행될 수 있도록 역량을 발휘해 지원하는 역할이다.

하지만 사무국 직원 중에 이와 같은 '촉진자' 역할보다 행정적인 사무원의 역할에 더 충실한 때도 있다. 만일 실무분과 회의가 공전하고 위원들의 참여가 저조해 정족수에 미치지 못하는 경우가 발생한다면, 위원들의 참여

의지가 왜 떨어졌는지 살펴보는 것이 우선이다. 규정상 회의에 참여하지 않은 위원들을 해촉시키는 일부터 하면 안 되는 것이다. 지역사회보장협의체의 중요 기능 중 하나인 지역 내 복지 관련 기관과 단체 등의 네트워크는 바로 이런 '촉진자'의 역할을 잘했을 때 제대로 작동된다. 복지 관련 기관과 단체가 점점 더 많아지고 분화되고 있는 현재 상황에서 지역사회보장협의체의 네트워크 기능은 단순히 소통하고 유대감을 갖는 정도에서 그치는 것이 아니라 지역의 복지 관련 정책과 사업 시행에 있어 매우 중요한 역할을 담당한다.

그렇다면 어떻게 하는 것이 '촉진자'의 역할을 잘하는 것일까? 경험상 '촉진자' 역할은 관계성에서 해결의 실마리를 찾을 수 있다. 즉, 관계성을 얼마나 긴밀하고 친밀하게 갖는가에 성공의 여부가 달려 있다. 관계성은 어떻게 생기며 발전시킬 것인가? 단순한 질문이지만, 쉽지 않은 명제다. 여기서 말하는 관계성은 친밀감일 수도 있고, 익숙함일 수도 있다. 우리 민족이 전통적으로 가지고 있는 미덕 중 하나인 품앗이라고 할 수도 있다. 이것이 무슨 뜻일까?

사실, 이 물음에 정답은 없다. 이런 명제를 이해하기 쉽게 설명하기 위해 개인적인 경험을 이야기하고자 한다. 가장 중요한 경험은 다음의 것이다. 처음 지역사회보장협의체 사무국에 입사했을 때 사무국 직원은 혼자였다. 당시엔 지역사회복지협의체였고, 사무실도 독립 공간이 아니었다. 시청 내의 작은 공간이었다. 그나마 그곳도 공무원들과 함께 사용했다. 그 무렵 중부지역에 무한돌봄센터가 개소하면서 작은 사무실을 단독으로 사용할 수 있게 된 것이 행운이라면 행운이었다. 문제는 나 자신이 지역사회복지협의체 위원들의 신상도, 이름도 직함도 잘 몰랐다는 점이다. 업무를 협조받아야 하는 담당 공무원도 잘 알지 못했다. 전임자에게 제대로 된 업무인수인계도 받지 못했다. 전임자 없이 혼자 일을 처리해야 하는 상황에서 이것저 것 따질 형편이 아니었다. 그때 든 생각은 '어떻게 해야 사람들과 빨리 친해질 수 있을까?'였다.

선택한 방법은 개인적으로 자꾸 기회를 만들어 자주 만나고, 밥 먹고, 술도 마시며 사람들과 접촉의 기회를 자주 갖는 것이었다. 그리고 대수롭지 않게 보일 수 있지만, 사람들의 이름과 직함을 외우는 것이었다. 예를 들어 실무협의체 회의에 참석하기 위해 헐레벌떡 회의장으로 들어오는 위원이 있다면 다가가 "○○○ 위원님 회의에 와 주셔서 감사합니다."라고 말해 주는 것이다. 나를 잘 알지 못하는 위원은 속으로 '이렇게 말하는 당신은 누구요?' 하며 어리둥절할 수도 있지만, 자신의 이름을 알아주는 사람이 있다는 점에선 고맙다고 느낄 수 있다.

지역 내 복지관련 기관 네트워크를 위해 사무국에서 마련한 척사대회(포천시)

어떤 사람과 친해지거나 영업적으로 도움을 받고 싶다면 반드시 기억해야 할 것이 있다. 그것은 '그 사람이 나에게 미안한 감정을 갖거나 고맙게 느끼도록 만들라!' 하는 것이다. 지역사회보장협의체 사무국 직원도 비슷한 노력을 해야 한다. 보장협의체 위원들은 대부분 자신의 생업이 있는 명예직이고, 무보수로 활동하는 사람들이다. 이들이 자신의 생업을 제쳐 두고 보장협의체 사업에 참여하기를 바란다는 것은 무모한 생각이다. 하지만 이들이 어느 정도의 열심과 성실성을 가지고 보장협의체의 일원으로 참여한다는 것은 사무국의 노력으로 만들 수 있는 결과물이다. 친밀감을 위해 꼭 누군가와 차를 마시고, 밥을 먹고, 술을 마시라는 의미는 아니다. 신뢰와 관계성을 높이기 위해서 누군가의 일을 도와줄 수도 있고, 위원들이 속한 기관에서 행하는 사업이나 행사에 품앗이로 참여하는 것도 방법일 수 있다. 평소에 위원들의 말에 공감하고, 소통하는 노력일 수도 있고, 때론 어려움에 처한 위원들을 발 벗고 나서 돕는 일일 수도 있다. 자신의 지역에서 위치에서 어떤 방법이 관계성을 강화하고 정립하는 것인지는 사무국 직원들이 해야 하는 고민인 것이다.

관계성을 만드는 일에서 빠트릴 수 없는 부분이 하나 더 있다. 그것은 사무국 직원들의 실력이다. 사람들은 사무국의 업무처리나 사업 실행을 보면서 자연스럽게 직원들을 평가하게 된다. 이런 평가는 점수를 매기거나 상벌을 주기 위함이 아니다. 사무국에서 하는 일들을 보면서 느끼는 자연스러운 소회이며 소감인 것이다. 하지만 이런 평가들이 소문이 되고, 사무국 직원들의 평판이 된다. 외부의 평판에 온통 신경 쓸 필요는 없지만, 업무처리나 사업 시행에 대한 외부의 이야기는 귀담아들을 필요가 있다. 대부분 아주 잘했다거나, 못했다는 식의 양극단 평가는 없을 것이다. 어떤 점은 잘했지만, 어떤 점은 아쉽다는 식으로 말할 것이다. 그리고 전문가답지 못했다고 말할 수도 있다. 위원들이 많으므로 사무국 직원들은 마치 수족관에 들어있는 물고기 같은 신세라 느낄 수도 있다. 사무국 직원들은 2~3명뿐이지만 위원들이나 외부에서 사무국을 바라보는 시민들의 수는 많기 때문에 늘 평가의 시선을 의식해야 한다. 작은 실수나 부족함도 지적을 받을 수 있다. 실제 하지 않은 일들에 대하여도 오해와 억측을 받을 수 있다. 하지만 역설적으로 이런 사무국의 애로 사항은 실력을 어느 정도 인정받으면 오히려 역전된다. 사무국에서 처리하는 일들에 대해 신뢰와 믿음을 가진 위원들이 많아지면, 약간의 실수나 부족함도 이해하고 넘어갈 수 있고, 협력도 강화된다.

　여기서 말하는 실력은 자신의 업무에 대한 깊은 이해와 공부하는 자세를 말한다. 지역사회보장협의체 사무국에서 처리해야 하는 업무 대부분은 여러 사업을 지원해야 하는 복잡하고 다양한 일들이다. 사무국의 업무를 제대로 이해하려면 여러 패턴의 업무를 고려할 때 최소한 2~3년은 근무해야 온전히 한 사이클의 업무를 해 볼 수 있다. 대표협의체와 실무협의체 위원들의 임기는 2년이기 때문에 이들의 위촉과 관련된 업무를 제대로 이해하려면 최소한 2년은 걸린다. 사회복지법인의 외부추천이사의 임기는 3년이기 때문에 외부추천이사 후보자 모집공고를 하고, 기본교육을 시키며, 사회복지법인에 추천하고 난 후에 관리하는 업무를 제대로 접해 보려면 3년이라는 시간이 필요하다. 지역사회보장계획은 4년마다 수립하는 법정계획이고, 매년 마다 연차별시행 계획을 수립한다. 보장계획 수립 전년도에는 지역사회보장조사를 시행하고 모니터링을 진행하며 사업이 마무리되면 결과보고를 해야 한다. 지역사회보장계획이라는 업무의 한 사이클을 제대로 접해 보려면 4년이라는 시간이 걸리는 셈이다. 수시로 시행하는 위원들에 대한 교육자료도 사무국에서 준비해야 하는 가장 기본적인 업무라 할 수 있다. 법이 제정되고 개정되면서 나타나는 수많은 경우의 수와 우리 지역의 사회환경을 고려한 교육자료를 만들기 위해서는 상위 계획과 법률, 우리 지역의 여러 사업에 대한 이해, 지역의 사회환경과 변화되는 과정 등등에 대한 지식이 있어야 기본교육 자료를 준비할 수 있다. 교육자료는 주로 PPT로 제작되기 때문에 사무국 직원들은 요즘 유행하는 AI를 통한 PPT 자료를 준비하는 일에도 어느 정도 숙련되어야 할 것이다. 이해를 돕기 위해 위원들을 위한 기본교육 자료를 공유하고자 한다.

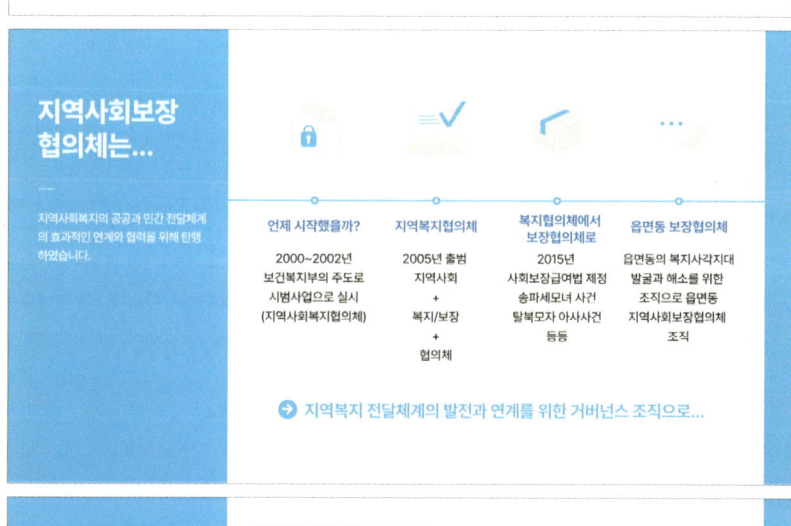

지역사회보장협의체 사무국이 해야 할 가장 중요한 역할은

발굴 방법

복지사각지대 발굴을 위해 다양한 방법이 활용되고 있습니다. 빅데이터 분석, 지역사회 네트워크 활용, 주민 참여형 시스템 등이 대표적인 방법입니다. 이를 통해 효과적인 발굴이 가능해집니다.

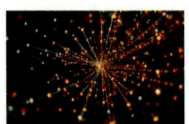

빅데이터 활용
공공 데이터와 민간 데이터를 결합하여 위기 가구를 예측하고 발굴합니다. 전기, 수도 사용량, 건강보험료 체납 정보 등을 분석하여 잠재적 위기 가구를 식별합니다.

지역사회 네트워크 활용
동주민센터, 복지관, 학교 등 지역 내 다양한 기관과의 협력을 통해 복지사각지대를 발굴합니다. 각 기관의 정보와 경험을 공유하여 효과적인 발굴이 가능해집니다.

주민 참여형 발굴 시스템
지역 주민들의 적극적인 참여를 통해 복지사각지대를 발굴합니다. 이웃 돌봄 활동, 복지 이장제 등을 통해 주민들이 직접 위기 가구를 발견하고 신고할 수 있도록 합니다.

계절별 발굴 전략

계절에 따라 변화하는 복지 수요와 위험 요인을 고려하여 효과적인 복지사각지대 발굴 전략을 수립합니다. 각 계절의 특성에 맞춘 접근 방식으로 취약계층을 보호하고 지원합니다.

겨울철 발굴 전략
한파 대비 독거노인, 노숙자 등 취약계층 집중 모니터링. 난방비 지원, 임시 주거 제공 등 겨울철 특화 서비스 실시.

여름철 발굴 전략
폭염 대비 노인, 아동 등 취약계층 안전 확인. 무더위 쉼터 운영, 냉방용품 지원 등 여름철 맞춤형 서비스 제공.

명절 기간 발굴 전략
명절 전후 소외계층 집중 발굴. 명절 음식 나눔, 귀향 지원 등 특별 프로그램 운영으로 복지 사각지대 해소.

기타 계절별 전략
봄, 가을 등 계절 변화기 건강 취약계층 관리. 일자리 연계, 생활용품 지원 등 계절별 맞춤형 복지 서비스 제공.

발굴 사례와 프로세스

복지사각지대 발굴의 실제 사례와 지원 과정, 그리고 사후관리 방안을 살펴봅니다. 이를 통해 효과적인 발굴 시스템의 중요성과 지속적인 개선의 필요성을 이해할 수 있습니다.

성공적인 발굴 사례
이웃 주민의 신고로 발견된 독거노인 지원 사례. 빅데이터 분석을 통해 발굴된 위기 가정 지원 사례. 복지사각지대 발굴 시스템을 통한 긴급 지원 성공 사례.

발굴 후 지원 프로세스
초기 상담 및 욕구 조사 실시. 맞춤형 복지 서비스 계획 수립. 관련 기관 연계 및 서비스 제공. 정기적인 모니터링 및 평가 실시.

사후관리 방안
정기적인 가정 방문 및 전화 상담. 지속적인 생활 실태 조사. 추가 지원 필요 시 즉각 대응 체계 구축. 지역 사회 자원과의 연계를 통한 지속적 관리.

발굴 시스템 개선 사례
AI 기술을 활용한 예측 모델 도입 사례. 모바일 앱을 통한 시민 참여형 발굴 시스템 구축. 부처 간 데이터 공유 체계 개선을 통한 효율성 증대 사례.

모니터링 지표의 활용

복지사각 지대 발굴은 지속적인 관찰과 축적된 데이터를 통해 어느 정도 예측이 가능한 부분이 있어 체계적인 모니터링 지표의 생성과 활용이 중요한 요소가 될 수 있음

모니터링 기준을 설정
우리 지역에 맞는 모니터링 기준을 설정하는 것이 중요 / 도농복합지역은 도심지역과 다른 기준을 적용하게 됨으로 지역에 맞는 기준설정에 대한 협의가 필요

모니터링 지표의 작성
읍면동 보장협의체 위원들이 할 수 있는 접근가능한 모니터링 지표를 작성하는 것이 중요
: 예) 냉장고 확인, 전기상태 확인, 방바닥 등 환경 방안의 온도확인, 대화를 통한 확인 등

모니터링 지표의 데이터 화
모니터링 내용에 개인 정보가 포함 될 수 있어 공공과의 협력이 필수적임 / 위원이 바뀌더라도 데이터는 축적되어야 함

모니데이터의 활용
대부분의 복지사각지대는 발굴 시점이 중요함 데이터를 활용하여 이를 예측하고 사전에 인지할 수 있는 시스템을 만드는 것이 중요함

한계와 과제

복지사각지대 발굴 과정에서 직면하는 주요 한계와 과제를 분석합니다. 개인정보 보호, 자원 부족, 그리고 대상자들의 거부감 등 다양한 문제에 대한 해결 방안을 모색합니다.

개인정보 보호 문제
빅데이터 활용 시 개인정보 침해 우려. 정보 수집 및 활용에 대한 법적 제도적 장치 미비. 개인정보 보호와 복지 서비스 제공 간의 균형 필요.

자원 부족 문제
복지 예산 및 인력의 부족. 지역 간 복지 자원의 불균형. 민간 자원 연계의 한계. 복지 서비스의 질적 저하 우려.

거부감 극복 방안
복지 수혜에 대한 사회적 낙인 해소 노력. 찾아가는 복지 서비스 강화로 신뢰 구축. 복지 정보 제공 및 교육을 통한 인식 개선. 맞춤형 상담 서비스 제공.

시민 참여 방안

복지사각지대 발굴을 위한 시민 참여의 중요성과 구체적인 방안을 제시합니다. 시민들의 적극적인 역할, 효과적인 신고 체계, 그리고 지역사회 연대 강화를 통해 더 촘촘한 사회 안전망을 구축할 수 있습니다.

시민의 역할
주변의 위기 가구 관심 갖기. 지역 복지 활동 자원봉사 참여. 복지 정책 모니터링 및 의견 제시. 나눔 문화 확산에 기여. 명예 사회복지공무원 역할과 연계의 필요성 제기.

지역사회 연대 강화-타 민간기구와 협력
동네 단위 복지 공동체 형성. 지역 기업의 사회공헌 활동 연계. 종교기관, 학교 등과의 협력 네트워크 구축. 정기적인 지역 복지 포럼 개최 / 지역 기금화 사업을 적극적으로 활용 / 주민자치위원회, 새마을, 바르게살기, 청년회, 노인회 등 활용

신고 및 제보 방법
복지 사각지대 발굴 전용 핫라인 운영. 온라인 신고 시스템 구축 및 홍보. 익명 신고 보장 및 신고자 보호 제도. 모바일 앱을 통한 간편 신고 기능 제공.

지역사회보장협의체 사무국이 해야 할 가장 중요한 역할은

미래 복지사각지대 발굴 전략

미래 복지사각지대 발굴을 위해 첨단 기술을 활용한 혁신적인 접근이 필요합니다. AI와 IoT, 빅데이터 분석 등을 통해 더 효과적이고 정확한 복지사각지대 발굴이 가능해질 것입니다.

AI 및 IoT 기술 활용
AI와 IoT 센서를 활용하여 실시간으로 위기 가구를 감지하고, 빅데이터 분석을 통해 복지 수요를 예측합니다. 이를 통해 더 신속하고 정확한 지원이 가능해집니다.

예측 모델 개발
머신러닝 기반의 예측 모델을 개발하여 잠재적 복지사각지대를 사전에 식별합니다. 이 모델은 다양한 데이터를 분석하여 위험군을 파악하고 맞춤형 지원 방안을 제시합니다.

선제적 복지 서비스 제공
예측 모델과 실시간 데이터를 바탕으로 개인별 맞춤형 복지 서비스를 선제적으로 제공합니다. 이를 통해 문제가 심각해지기 전에 조기 개입이 가능해집니다.

더 나은 사회를 위한 우리의 책임

복지사각지대 발굴은 우리 사회의 포용성과 연대를 강화하는 핵심 과제입니다. 지금까지 살펴본 다양한 전략과 방법들을 통해, 우리는 더 많은 이웃들에게 도움의 손길을 내밀 수 있습니다.

하지만 이는 시작에 불과합니다. 진정한 변화를 위해서는 지역사회보장협의체와 행정기관, 지역사회, 그리고 민간 모두의 지속적인 관심과 참여가 필요합니다. 복지사각지대 발굴은 제도적 문제가 아닌, 우리 모두의 책임입니다.

서로를 돌보는 문화를 만들고, 적극적으로 주변을 살피며, 필요한 곳에 도움을 전하는 것. 이것이 바로 우리가 만들어갈 더 나은 사회의 모습입니다. 함께하면 우리는 더 강해지고, 더 따뜻해질 수 있습니다. 모두가 존중받고 행복한 삶을 누릴 수 있는 포용적 사회를 향해, 우리 모두 한 걸음 더 나아갑시다.

보건복지부와 경기도 그리고 사무국연합회 차원에서도 사무국 직원들의 역량 강화를 위한 교육을 수시로 하고 있다. 본인이 원한다면 얼마든지 외부의 교육을 받을 수 있다. 또한, 다른 지역과의 교류와 연계도 실력을 쌓는 좋은 방법이 될 수 있다. 경기도의 경우 동서남북으로 권역을 나누어 권역별로 대표를 맡은 사무국 직원이 있다. 권역별 모임에 적극적으로 참여함은 물론 경기도의 워크숍이나 교육에도 가능하다면 참어하는 것이 좋다. 지역사회보장협의체는 개별 기초지자체에 기반을 두고 있는 조직이다. 과도한 외부 행사나 다른 지역과의 교류가 우리 지역의 복지 수준 향상에 꼭 이바지하는 것이라 말하기는 어려울 때도 있다. 실제 공무원들은 외부와의 지나친 교류를 좋아하지 않는 경향이 있다. 따라서 과도하게 외부로 나가는 것은 조심해야 한다. 하지만 어느 정도 다른 지역과의 교류는 사무국 직원들의 실력향상은 물론 해당 지역의 성공적인 복지정책의 시행을 위해서도 필요한 일이라는 점을 인식할 필요가 있다.

관계성을 위한 마지막 필요요소는 바로 자기희생이다. 이 부분은 보건복지부의 운영 매뉴얼이나 보장협의체 운영규정 등에는 절대 나오지 않는 내용이다. 여기서 말하는 자기희생은 엄청난 대가를 치르는 절대적인 헌신을 의미하는 것이 아니다. 가장 쉽게 생각해 볼 수 있는 자기희생은 퇴근 후 또는 휴일에 발생하는 업무 외적인 일이다. 이것이 무슨 의미일까? 사회복지 관련 행사들은 주말이나 휴일에 치르는 경우가 많다. 비록 내가 주관하는 행사는 아니지만, 보장협의체 위원들이 속해 있는 기관에서 하는 행사라면 사무국 직원으로서 참여해 주는 것이 예의라는 말이다. 개인적인 경조사도 퇴근 후에 찾아가야 하는 경우가 많은데 시간을 따지지 말고 가주는 것이 관계성을 위한 가장 기본적인 자세이다. 작은 일이라도 신경써서 참여해 주고 찾아가 보는 것은 매우 중요한 자기희생이다. 행사나 경조사를 갈 때도 누구의 행사는 가고, 누구는 가지 않는다면 그것도 문제가 되기 때문에 취사선택을 잘해야 한다. 여기에 지혜가 필요할 것이다. 다른 사람의 사업이나 행사에 '근무시간도 아닌데 굳이 가야 하나?' 하고 참석 필요성을 느끼지 않는다면, 상대방 역시 사무국에서 주관하는 행사에 시간을 쪼개 참석할 필요를 느끼지 않을 것이다. 자신의 생업이 있는 보장협의체 위원들은 사무국에서 보내는 회의 참석 요청보다 본인이 해야 할 다른 중요한 일을 먼저 선택할 수 있다. 당연한 일이다. 그런데 회의나 행사에 참석해 달라는 전화나 문자를 사무국에서 보냈을 때 위원들의 머릿속에 먼저 미안함이나 고마움이 떠오른다면 관계성은 유지되고 발전될 수 있다.

자기희생에서 공공과의 협력도 빼놓을 수 없는 부분이다. 공공은 계획서와 결과보고서, 회계장부 등의 여러 문서를 원한다. 그리고 공공이 주관하는 행사에 민간이 협력적으로 참여해 주길 바랄 때가 있다. 지자체에서 하는 대규모 페스티벌이나 기념식을 맡아서 진행한다면 더욱 그렇다. 이런 경우 민간에서 할 수 있는 협조적인 모습을 보여 주어야 함은 물론, 공공보다 어떤 면에서 더 헌신적으로 참여하는 모습을 보여 주는 것이 좋다. 대부분의 행사는 공공 단독으로 치르는 예가 거의 없다. 민간과의 협력이 주를 이룬다. 이런 경우 공공에서 접근하기 편하고 믿을만한 조직이 바로 지역사회보장협의체다. 지역사회보장협의체는 민관이 함께 활동하는 조직이기 때문이다. 그리고 연결 통로는 사무국이다. 사무국 직원들은 공공과의 협력에서 적극적이고 열정적인 모습을 보여줄 필요가 있다.

포천시의 경우 의 공공직원 즉, 공무원들과 2달에 한 번 간담회를 한다. 일명 '공공 간사 간담회'이다. 공공 간사들이 읍면동의 민간위원장과 함께 간담회에 참석하는 경우 발언하는데 부담을 느껴 말을 하지 않더라는 점에 착안해 민간을 제외하고 공공 간사들만 따로 모아 간담회를 개최하는 것이다. 공공 간사 간담회에서는 민간위원장들과 다른 의견들도 가감 없이 표출되고, 보장협의체에서 시행하는 각종 행사에 관한 공공의 의견도 솔직하게 나눌 수 있다. 이를 통해 수시로 배분되는 읍면동의 여러 복지 자원들에 대한 협조 요청도 쉽게 이루어졌고, 읍·면·동 연합행사에 필요한 인력의 배치나 자원의 조달도 용이하게 되었다. 2025년에는 공공 간사들만 참여하는 워크숍도 개최해 사무국과 공공 간사 간의 관계성을 강화하려고 노력했다. 이런 모습이 사무국의 자기희생이라 볼 수 있다. 함께 하고자 하는 노력이고, 다른 사람에 대한 배려이며, 업무에 대한 사무국의 진심 어린 자세일 것이다.

읍면동 보장협의체 공공 간사 간담회 개최 사진(포천시)

지역사회보장협의체 조직에 관해

보건복지부의 운영 설명서에 따르면 지역사회보장협의체의 조직은 네 가지로 분류될 수 있다.

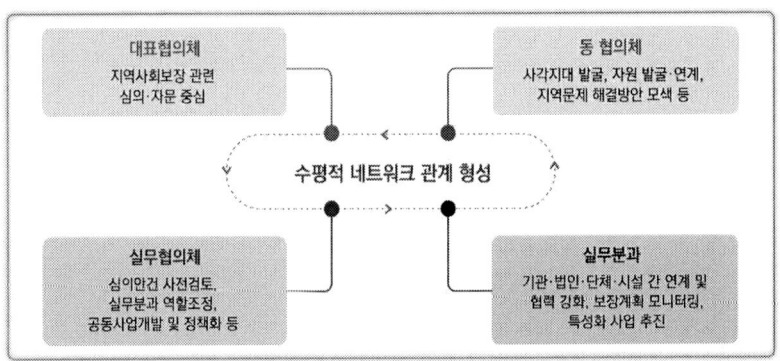

지역사회보장협의체에서 유일하게 의결기능을 가지고 있는 조직인 대표협의체가 있고, 대표협의체 심의 안건을 전문가적인 식견으로 사전에 검토하고, 사회보장 관련 사업에 대한 개선과 건의 등을 담당하는 실무협의체가 있다. 실무협의체의 사전 검토를 위해 여러 안건을 직접 만들고, 다양한 사업을 기획하며, 정책제안을 추진하는 곳은 실무분과다. 실무분과는 연차별 시행계획의 모니터링이라는 중차대한 역할도 담당한다. 그리고 읍·면·동에서 복지 사각지대를 발굴하고, 지역자원을 확보해 배분하는 역할을 담당하며 지역에서 필요로 하는 특화사업 등을 시행하는 직접 사업 시행 조직인 읍·면·동 보장협의체가 있다. 보건복지부에서는 이들 조직이 상·하 관계가 아닌 수평적인 네트워크 관계라는 것을 강조하고 있다. 각각의 조직에 대해 더욱 자세하게 살펴보자.

대표협의체

대표협의체는 공공과 민간을 포함해 해당 지역의 지역사회보장 이해관계를 대표하는 심의·의결 조직이다. 구성의 원칙은 시·군·구의 사회보장영역과 연계영역에서 대표성을 가진 사람들이 포함되어야 한다는 포괄성의 원칙과 민주적인 절차에 의해 임명하거나 위촉되어야 한다는 민주성의 원칙을 가지고 있다. 구성과 요건에 관해 「사회보장급여법」 제41조에 상세하게 규정되어 있다. 인원은 10인 이상 40인 이하로 구성하되 한쪽의 성비가 60%를 초과하지 않도록 함으로써 양성의 균형을 맞추도록 하고 있다. 흥미로운 사실은 시의원이나 도의원도 지역의 여건에 따라 대표협의체 위원이 될 수 있다는 점이다. 지역 정치인이 보장협의체 위원으로 활동하는 것이 타당하지 않다는 의견도 있었지만, 지역에서 정치인의 위촉 문제가 종종 발생함에 따라 보건복지부에서는 설명서상 별도 규정 없이 지역별로 알아서 판단하라는 단서 조항을 달아 놓았다.

조직되어 활동하는 지역은 별로 없지만, 대표협의체 산하에 전문위원회를 별도로 구성할 수 있다. 대표협의체 위원 중 3분의 1이 포함된다면 전문위원회 구성이 가능하다. 지역사회에 존재하는 다양한 이해관계를 고려하면 전문위원회가 해당 건에 대해 사전에 전문적인 심의를 하는 것은 어느 정도 필요한 것이라 볼 수 있다. 다만 명예직 위원을 구성하기 어려운 지방 소도시에서는 대표협의체 구성도 녹록지 않은 마당에 별도로 전문위원회를 구성한다는 것은 어려운 일이다.

대표협의체는 심의와 의결을 하므로 지역사회보장협의체의 최종 의사 결정 단계를 담당하는 조직이다. 연차별 시행계획이나 지역사회보장계획 같은 중차대한 계획을 최종적으로 승인하는 곳이기도 하다. 대표협의체의 위원장은 민과 관이 공동으로 활동하도록 권유하고 있는데 전국적으로 민관

공동위원장 없이 공공위원장만 있는 곳은 거의 없다. 아주 드물게 민간 공동위원장 없이 공공위원장 단독으로 활동하는 지역이 있다고 한다. 하지만 거버넌스의 의미를 생각한다면 반드시 민과 관 공동위원장이 있어야 할 것이다.

　대표협의체에는 당연직 위원이 있는데 바로 지자체장인 당연직 공공위원장과 실무협의체 위원장 그리고 읍·면·동 보장협의체 위원장 중 대표 한 사람이 당연직 위원으로 참여할 수 있다. 지역의 조례에 따라 해당 업무를 총괄하는 담당 국장 또는 과장이 당연직 위원에 포함되기도 한다. 보통 대표협의체가 먼저 구성된 뒤에 실무협의체가 구성되기 때문에 실무위원장은 당연직 위원이지만, 나중에 합류하게 된다. 대표협의체 위원의 임기는 2년이고, 지역에 따라 약간의 차이는 있지만, 전국적으로 보면 2025년을 기준으로 제9기 대표협의체 위원이 구성되어 있다. 위원의 구성은 지역의 여건에 따라 다르다. 보건복지부의 권고에 따라 교육지원청장, 경찰서장, 소방서장, 국민연금관리공단지사장, 국민건강보험공단지사장 등 지역의 유력 기관장들이 대표협의체 위원에 포함되기도 하고, 다양한 단체장이 위원이 되기도 한다. 종합사회복지관장, 노인복지관장, 노인회 지회장, 여성단체 연합회장, 어린이집 연합회장, 새마을지도자 협의회장 등 지역의 여러 직능 기관과 단체장들도 합류할 수 있고, 대학이 있는 경우는 대학교수도 1~2명 정도 포함된다.

　대표협의체 위원 위촉 권한은 지자체장에게 있다. 대부분 지역에서 사무국의 의지와 별개로 지자체장이 위원을 직접 위촉하는 경우가 있다. 지역별로 지방선거 후 대표협의체 구성을 하는 경우가 많은데 그러다 보니 민간 공동위원장 선임에 위원 간의 호선이 아닌 지자체장 의지가 반영되기도 한다. 민주적인 절차라고 보기는 어렵지만, 4년 동안 지역의 정책을 총괄하게 되는 지자체장으로서는 자신과 정치적인 견해가 비슷한 사람을 민간 공동위원장으로 위촉하고 싶은 욕구가 있을 수 있기에 현장에서는 어느 정도 이해하는 분위기다. 여기에는 일장일단이 있다. 온전히 민주적인 절차에 의해 민간 위원 중에서 민간공동위원장을 선출했는데 지자체장과 갈등을 겪는다면 지역사회보장협의체는 새로 임기가 시작된 지자체장과 공전을 거듭할 수밖에 없다. 아예 회의조차 열리지 않을 수도 있다. 그렇다고 너무 지자체장의 입김이 과도하게 개입되어 민간 공동위원장을 선출하면 민간의 건전한 견제와 협력 기능이 사라지고 공공 공동위원장의 하수인처럼 전락할 수 있어 이것도 문제다.

사실 지역사회보장협의체의 거버넌스 기능이 제대로 발휘되려면 민간 공동위원장에게 지금보다 더 많은 권한을 주어야 한다고 본다. 그리고 민간 공동위원장 호선 과정을 더욱 세밀하게 규정할 필요가 있다. 앞서 언급한 대로 100% 지자체의 예산으로 운영되는 지역사회보장협의체의 현실을 고려할 때 민간 공동위원장의 역할과 권한은 아주 협소하고, 제한적일 수밖에 없다. 예산을 손에 쥔 공공에서 민간 공동위원장을 무시한다면 적절하게 반박할 시스템이 존재하지 않기 때문이다.

가장 이상적인 형태는 해당 지역의 복지에 관해 전문가로서 존경과 인정을 받는 사람이 민간위원장이 되는 것이다. 공공위원장인 지자체장도 그의 의견을 경청해야 하고 무시할 수 없는 구조가 만들어지면 된다. 대부분 지역에서 지자체장은 정치인이지 복지 전문가가 아니다. 때문에 복지정책에 관해 전문가인 민간 공동위원장의 의견을 겸허하게 받아들이고, 개선해야 할 부분을 긍정적인 자세로 듣는다면, 민간 공동위원장의 위상은 올라가고, 지역사회보장협의체의 역할도 인정받게 될 것이다. 동시에 지역사회보장협의체 사무국의 기능과 역할에 대해도 인정하는 분위기가 형성될 것이다.

지역사회보장협의체의 올바른 구조 정립과 발전을 위한 가장 기본적인 초석은 능력 있고 성실하며 헌신적인 민간 공동위원장을 세우는 것이다.

하지만 현실은 그렇게 만만치 않다. 무보수 명예직인 민간 공동위원장은 사무국에 자기 자리조차 없는 경우가 태반이다. 상근하지 않은 위원장이기 때문에 어쩌면 당연한 일이다. 위원장이 특별히 관심을 가진 경우가 아니라면, 민간 공동위원장은 지역사회보장협의체 사무국의 업무에서 배제되는 경우도 있다. 사무국의 의사 결정 과정에서도 빠질 수 있다. 보건복지부의 운영 매뉴얼을 보면 결재체계에 민간 공동위원장이 분명히 들어가 있지만, 출근도 하지 않는 위원장에게 결재를 받는다는 것이 통상적인 사무의 모습이라 보기는 어렵다.

민간 공동위원장의 임기는 2년으로 한 번 연임할 수 있다. 결과적으로 총 4년 동안 민간위원장으로 활동할 수 있다. 이것은 지자체장의 임기와도 같은 것이다. 대부분 지역에서 민간위원장은 연임한다. 사실 지금과 달리 과거에는 민간 공동위원장 연임에 제한이 없었다. 지역에 따라 10년 가까이 민간 위원장직을 가지고 있는 사람도 있었다. 하지만 연임제한 규정이 생기면서 더 많은 사람이 민간위원장 직을 수행할 수 있게 되었다.

보장협의체 운영 매뉴얼에서는 민간 공동위원장의 역할은 절대적 존재다. 일단 민간위원장이 사무국 직원을 선임한다. 사무국 직원을 뽑는 것부터 급여를 주는 것, 근로계약을 체결하는 것 등이 모두 민간위원장의 역할이다. 직원을 뽑는 권한이 있으므로 면직시킬 수 있는 권한도 있다. 사무국 직원의 경우 별도의 근무규정이 있기는 하지만, 5인 미만 사업장인 곳이 많아 이론적으로 민간 공동위원장은 아무런 제약 없이 직원을 면직시킬 수 있다. 일부 지역에서 민간위원장과 사무국 직원 간에 갈등이 있는 곳도 있다. 이런 경우 절대 불리한 위치에 있는 사람은 사무국 직원들이다.

대표협의체 위원들은 신원조회를 거쳐 위촉해야 한다. 이것은 법률에 정해진 절차다. 보통의 경우 사무국에서 해당 부서로 공문을 보내 신원조회를 의뢰한다. 신원조회는 폭넓게 모든 것을 하는 것이 아니라 법률에 정해진 것만 한다. 특별한 경우가 아니라면 대부분 위원은 신원조회가 문제 되지 않는다. 하지만 문제가 되는 예도 있다. 정치적인 수단으로 대표협의체 민간 공동위원장을 하려던 사람 중에 바로 신원조회에 걸려 위촉이 되지 않는 때도 있다.

지역에서는 사회복지 관련 기관이나 단체에서 유력한 지위에 있는 사람들이 지역사회보장협의체 대표협의체 위원에 위촉되지 못한 것에 대해 불만을 가지는 일도 있다. 명예직에 부보수이지만, 지역사회보장협의체의 위상을 생각할 때 본인이 대표협의체 위원으로 위촉되어야 하는데 왜 자신을 위촉하지 않느냐고 사무국에 불만을 제기하기도 한다. 이런 불만을 이야기하는 사람 대부분은 사회복지 분야에서 어느 정도 경력을 가지고 있는 리더들이다. 하지만 앞서 살펴본 대로 대표협의체 위원의 위촉은 지자체장의 의지에 달려 있다. 본인이 대표협의체 위원에 위촉되지 못했다고 사무국에 불만을 표시하는 사람들은 대표협의체 위원 위촉 메커니즘을 잘 이해하지 못해 그러는 것이다. 지역사회보장협의체 사무국에는 대표협의체 위원 위촉에 관해서는 권한이 거의 없다고 보는 것이 맞다. 따라서 위원 위촉과 관련된 불만 표시는 사무국이 아닌 지자체장에게 해야 한다.

대표협의체 회의는 적어도 1년에 3회 이상 개최하도록 하고 있다. 포천시의 경우 조례에 4회 이상 하도록 규정지어 놓았다. 하지만 이 규정을 지키기는 쉽지 않은 일이다. 사실 지역에서 유력 단체나 기관을 대표하는 사람들을 모아 놓고 회의를 진행한다는 것은 매우 부담스러운 일이다. 회의를 개최하기 위해 사무국에서는 담당 부서와 긴밀한 협조를 해야 한다. 회의 장소 물색부터 지자체장의 일정까지 확인해야 하기 때문이다. 정족수를 채우지 못하는 불상사를 막기 위해 사무국 직원들은 열심히 회의 독려 전화를 해야 한다. 본인이 대표협의체 위원이라는 사실을 제대로 알지 못하고, 회의 참석을 두어 번 하지 않았다면 그 사람은 1년 동안 아예 보장협의체 활동을 안 한 것이나 마찬가지가 된다. 이런 사람들은 회의에 온다 해도 제대로 된 의견을 피력할 수 없다. 대표협의체 회의 주제는 보장계획 수립이나 연차별 계획의 수립처럼 내용이 방대하고 전문적인 경우가 많다. 지역복지 관련 일을 하지 않는 기관이나 단체의 장은 회의에 참석한다 해도 내용을 이해하기 어려우므로 내용도 모르는 자신을 왜 위원으로 위촉했느냐는 불만을 제기하기도 한다. 사무국 직원들도 입사 후 3년 정도는 지나야 제대로 대표협의체 회의 내용을 이해할 수 있을 정도니 어쩌면 이들의 불만도 일리가 있다. 사실 현실적으로 복지 전문가가 아닌 사람들이 한두 번 대표협의체 회의에 참석했다고 하여 지역사회보장협의체의 다양한 심의 주제를 이해하고 의결에 참여할 수 있을까? 이런 내용상의 어려움 때문에 지역사회보장협의체의 가장 핵심조직이라는 대표협의체 회의가 오히려 현장에서 가장 형식적으로 개최되는 경우가 종종 발생한다. 본인이 대표협의체 위원인지도 잘 모르고, 지역사회보장협의체가 무엇을 하는 조직인인지도 알지 못하는 위원들도 있다. 그래서 생각해 보면 지역사회보장협의체에서 빈번하게 실시하는 위원 교육의 필수 대상은 어쩌면 대표협의체 위원들이 되어야 할지 모른다.

대표협의체를 비롯한 지역사회보장협의체의 회의에서 진행은 사무국에서 맡는 것이 통상적이다. 하지만 지자체장이 참여하는 대표협의체 회의는 지역에 따라 사무국이 아닌 공공 위원, 즉 공무원이 맡기도 한다. 지자체장이 회의에 참여한다는 점에서 공무원들은 엄청 신경을 쓰는 것이다. 지역에 따라 다르겠지만, 대표협의체 회의의 진행을 사무국장이 아닌 공무원 팀장이나 과장이 하는 지역이 상당수 있다고 알고 있다.

포천시의 경우 모든 회의는 사무국장이 진행한다. 이렇게 하는 이유는 오랜 기간 업무를 한 사무국의 국장이 회의 진행에 익숙하기도 하고, 회의 시 나올 수 있는 대표위원들의 여러 난해한 질문에 대해서도 업무를 이해하는 사무국장이 답변하는 것이 효과적이기 때문이다. 대표협의체 회의는 무게감 면에서 지역사회보장협의체의 가장 중요한 회의라 할 수 있지만, 진행하는 방식이나 내용은 지역에 따라 사뭇 다르다. 포천시의 경우 위원들이 활발한 질문과 의견 개진도 하므로 경력이 있는 사무국장이라 할지라도 진땀을 뺄 경우가 있다. 회의 시간도 예정보다 훨씬 길어지기도 한다. 이런 모습은 대표협의체의 역할과 기능을 생각할 때 긍정적이라 하겠다. 무슨 회의인지도 모르고 나와 발언도 하지 않고 가는 위원이 많다면 지역사회보장협의체에서 가장 중요하다는 대표협의체의 기능이 제대로 발휘되지 못할 것이다. 대표협의체의 기능과 역할을 고려한다면, 회의 자료를 준비하고, 해당 사업의 내용을 잘 이해하고 있는 사무국이 회의를 주도적으로 진행을 하는 것이 맞다.

다음의 자료는 대표협의체 회의에서 사용될 수 있는 회의 계획안과 시나리오, 결과보고서다.

2025년 제2회
대표협의체 회의 자료

2025. 06. 18.(수) 14:00
포천시청 신관 2층 대회의실

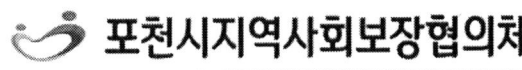

제9기 지역사회보장협의체 대표협의체위원

연번	구분	성명	성별	분야	소속	직위	비고
1	당연직		남	공공		시장	공공위원장
2	(10명)		남	공공	인구성장국	국장	
3			남	공공	자치행정국	국장	
4			남	공공	문화복지국	국장	
5			남	공공	경제환경국	국장	
6			남	공공	안전도시국	국장	
7			여	공공	보건소	소장	
8			남	공공	홍보담당관	담당관	
9			여	-	읍면동지역사회보장협의체	대표	
10			남	-	실무협의체	위원장	
11	위촉직		여	민간단체	사랑의 나들목	고문	민간위원장
12	(23명)		남	기타연계영역	㈜포랑 차문화박물관	대표	부위원장
13			남	사회보장이용시설	포천시종합사회복지관	관장	
14			여	전문영역	대진대학교 사회복지학과	교수	
15			여	장애인	경기부모연대포천시지부	지부장	
16			남	연계영역	국민연금공단포천철원지사	지사장	
17			여	연계영역	포천교육지원청	교육장	
18			여	전문영역	차의과학대학교 보건복지행정학과	교수	
19			여	전문영역	대진대학교 간호학과	교수	
20			남	사회보장이용시설	포천시자원봉사센터	센터장	
21			남	사회보장이용시설	포천시노인복지관	관장	
22			남	아동생활시설	꿈이있는마을	시설장	
23			남	보건·의료	경기도의료원 포천병원	병원장	
24			여	민간단체	포천시여성단체협의회	회장	
25			남	연계영역	포천경찰서	서장	
26			여	민간단체	포천시새마을부녀회	회장	
27			남	민간단체	대한노인회 포천시지회	회장	
28			남	정신질환	라온경기도지역사회전환시설	시설장	
29			남	연계영역	포천소방서	서장	
30			여	민간단체	대한적십자사포천지구협의회	회장	
31			여	연계영역	국민건강보험공단포천지사	지사장	
32			여	아동(보육)	포천시어린이집연합회	회장	
33			남	노 인	포천시장기요양기관협회	회장	

제2회 대표협의체 회의 안건

의안 번호	의안 구분	제목	주요내용	비고
1	심의 의결	운영규정 개정안	■ 지역사회보장협의체 운영규정 개정안 심의 의결	1-11p
2	보고	외부추천이사 적격여부 심의 결과	■ 2025년 외부추천이사 모집인원에 대한 적격심사 진행 결과	12-14p
3	심의 의결	읍면동지역사회보장협의체 특화사업	■ 읍면동지역사회보장협의체 특화사업심의 의결	15-63p
4	보고	읍면동지역사회보장협의체 연합 사업	■ 읍면동지역사회보장협의체 연합 바자회 ■ 읍면동지역사회보장협의체 연합 삼계탕	64p
5	보고	'25년 연차별시행계획 모니터링단 운영 기본계획(안)	■ '25년 연차별 시행계획 이행점검 모니터링 ■ '26년 연차별 시행계획 수립 회의 ■ '25년 연차별 시행계획 결과확인 모니터링	65-69p

의안번호	1	의안구분	심의·의결	보고자	사무국

운영규정 개정안 심의 결과 보고
지역사회보장협의체 운영규정 개정안 조례 및 시행규칙 개정에 따른 운영규정 개정 2. 일부 조항 삭제 및 신설

붙임문서	
1-1. 운영규정 신구 조항 대조 1-2. 포천시지역사회보장협의체 운영규정 전문	

1-1. 운영규정 신구대조표

구 규정	신 규정
제12조 (회의) ⑤ 협의체 담당과장은 대표협의체 회의의 당연직 위원이 되며, 담당 팀장이 대표협의체 회의의 간사가 된다.	제12조 (회의) ⑤ 협의체 담당과장은 대표협의체 회의의 당연직 위원이 되며, 담당팀장이 대표협의체 회의의 간사가 된다. (폐지)

제 15조 (운영위원회 기능) 보장협의체 운영의 합리화를 기하기 위해 운영위원회를 둔다.
① 운영 위원회는, 다음 각 호에 해당하는 사항을 처리한다.
  2. 사업계획 변경에 관한 사항
	제 15조 (운영위원회 기능) 보장협의체 운영의 합리화를 기하기 위해 운영위원회를 둔다.
	① 운영 위원회는, 다음 각 호에 해당하는 사항을 처리한다.
	  2. 사업계획 수립 및 변경에 관한 사항
	  5. 보장협의체 사무국 예산·결산에 관한 사항
	  6. 보장협의체 사무국 직원의 임용에 관한 사항 (신설)

18조(회의) ③ 협의체 정기 회의는 년 4회 이상 개최해야 한다.	제18조(회의) ③ 협의체 정기 회의는 년 4회(6회) 이상 개최해야 한다. (개정)
제24조(읍·면·동 단위 보장협의체의 구성 및 운영) ⑨ 읍면동장은 위원이 질병, 품위손상, 그 밖의 사유로 업무를 수행하기 어렵다고 판단될 때 위원 해촉의 건을 읍면동 보장협의체 전체 위원이 참석하는 회의에 안건으로 상정할 수 있으며 일반 정족수로 의결한 후 결과를 관계부서에 통보한다.	제24조(읍·면·동 단위 보장협의체의 구성 및 운영) ⑨ 읍면동장은 위원이 질병, 품위손상, 그 밖의 사유로 업무를 수행하기 어렵다고 판단될 때 위원 해촉의 건을 읍면동 보장협의체 전체 위원이 참석하는 회의에 (일부삭제) 안건으로 상정할 수 있으며 일반 정족수로 의결한 후 결과를 관계부서에 통보한다.
	제31조(직원의 임용) 대표협의체의 공동위원장은 운영위원회를 거쳐 그 소속 직원을 임용한다. (신설) 제32조(사무국장의 임기) 사무국장의 임기는 2년으로 한다. 단 운영위원회의 업무 평가를 거쳐 업무수행 능력이 탁월하다고 인정 받을 경우 연임이 가능하다. (신설)

의안번호	2		의안구분	보고	보고자	사무국

외부추천이사 적격여부 심의 결과보고
2025년 외부추천이사 모집인원에 대한 적격심사 진행 결과보고 1. 2025년 공모를 통해 모집한 외부추천이사에 대한 적격여부 심의 2. 총 6명의 신청자에 대해 결과와 같이 심의함

붙임문서	
2-1. 외부추천이사 적격여부 심의 결과보고서 2-2. 외부추천이사 적격심사표	

의안번호	3	의안구분	심의·의결	보고자	사무국

읍면동지역사회보장협의체 특화사업

■ 읍면동지역사회보장협의체 특화사업

연번	읍면동	특화사업명	사업구분	사업비
1	사무국	읍면동 AI돌봄사업	노인지원	24,719천 원
2	소흘읍	행복나눔 요구르트 지원사업	노인지원	4,180천 원
3	군내면	나누어 하나되는 우리	돌봄·생활지원/노인지원/경제적취약계층지원	비예산
4	내촌면	똑(knock)똑(knock)한 요구르트 지원사업	돌봄·생활지원/기타	2,500천 원
5	가산면	세찬봉사단 사업	돌봄·생활지원/노인지원	8,500천 원
6	신북면	온(溫) 동네, 건강 한 스푼	돌봄·생활지원/노인지원	8,200천 원
7	창수면	사랑 한 모금, 정성 한 알	돌봄·생활지원/노인지원	3,000천 원
8	영중면	똑(knock)똑(knock)! 행복나눔 일촌맺기	돌봄·생활지원	1,080천 원
9	일동면	일동면 복지사각지대 및 고독사 예방을 위한 마을복지 발굴단 모니터링 사업	돌봄·생활지원/노인지원/기타	9,000천 원
10	이동면	주거취약계층 주거환경개선 지원사업 '이동면, 헌집에서 새집으로 이동하자!'	지역공동체활성화	8,500천 원
11	영북면	이웃과 함께 살아가는 영북 만들기	지역공동체활성화	9,000천 원
12	관인면	물심양면 프로젝트	노인지원/기타	7,500천 원
13	화현면	독거어르신을 위한 사랑의 영양 도시락 배달 및 모니터링	노인지원	비예산
14	포천동	포천동 마음포근사업	돌봄·생활지원	3,000천 원
15	선단동	소외계층 삶의 질 향상을 위한 찾아가는 복지서비스	노인지원	400천 원

붙임문서

3-1. '24년 읍면동 AI 돌봄 사업 결과보고서
3-2. '25년 읍면동 AI 돌봄 사업 계획서
3-3. '25년 읍면동지역사회보장협의체 지역특화사업 14부

3-1.

읍면동 AI 돌봄 사업 결과보고서

> 독거노인의 안정적인 노후 생활 보장과 기능 및 건강 유지를 위해 AI 기술을 활용해 고령화로 인한 외로움·두려움·어려움을 극복하고자 함.

I. 목표

○ 고령사회 진입과 1인 가구 증가에 따른 돌봄 공백 최소화
○ 안심케어 서비스 제공을 통한 응급상황 신속 대처

II. 추진개요

○ 사업명: 읍면동 AI 돌봄 사업
○ 사업기간: 24. 5.~12.(8개월)
○ 신청기간: 24. 4. 22.(월) ~ 4. 29.(월)
○ 사업대상: 14개 읍면동 독거노인 65가구
　(응급안전안심서비스 대상자 제외)
　단, 대기 대상가구가 없을 경우 부부 노인가구 가능
　(부부 중 한명이 응급상황 대처가 어려운 경우)
○ 주요내용: 365일 24시간 비대면 돌봄 제공
　(인공지능스피커, SOS 긴급 구조, IOT 센서)

III. 추진현황

○ 사업기간: 24. 5.~12.(8개월)
○ 사업대상: 14개 읍면동 독거노인 65가구
　(응급안전안심서비스 대상자제외)

○ 대상자 선정기준

- 읍면동보장협의체 위원 추천 가구 중 우선순위 선발
- 1순위 노인 맞춤형 돌봄 서비스 및 재가노인 서비스 미이용자
- 2순위 고령자
- 동일 순위일 경우 고령자 ▶ 선제출 읍면동 우선 선발

○ 지원절차

읍면동지역사회보장협의체	—	보장협의체위원추천 및 읍면동신청서 작성 (2024. 4. 29.일까지)
⇓		⇓
신청서 접수 1차 (2024. 4. 22.~2024. 4. 29.)	—	포천시지역사회보장협의체 사무국(이메일)
⇓		⇓
대상자 선정 1차 (2024. 5. 2)	—	포천시지역사회보장협의체 사무국 검토
⇓		⇓
재단법인 행복커넥트 (2024. 5. 2.)	—	신청 대상자 명단 발송 1차
⇓		⇓
추가 신청서 접수 (2024. 5. 2.~2024. 5. 10.)	—	포천시지역사회보장협의체 사무국(이메일)
⇓		⇓
재단법인 행복커넥트 (2024. 5. 7.~2024. 5. 9.)	—	대상가구 방문 설치 1차
⇓		⇓
대상자 선정 2차 (2024. 5. 10)	—	포천시지역사회보장협의체 사무국 검토
⇓		⇓
재단법인 행복커넥트 (2024. 5. 21.)	—	추가 신청 대상자 명단 발송
⇓		⇓
재단법인 행복커넥트 (2024. 5. 27.)	—	대상가구 방문 설치 2차

○ 관리절차

| 재단법인 행복커넥트 | — | 대상가구 이용현황 및 통계자료 제공 |
| | | 긴급 SOS 출동 건 문자 발송 |

⇓　　　　　　　　　　⇓

| 사무국 | — | 이용가구 현황 및 통계자료 확인 |
| | | 이용가구 전화 상담 진행 |

⇓　　　　　　　　　　⇓

읍면동보장협의체	—	읍면동 분과 회의 및 읍면동보장협의체 간담회 진행 시 통계자료 공유
		정기안부확인 진행
		기기 장기 미사용 및 문제상황 시 읍면동지역 사회보장협의체 위원 방문

⇓　　　　　　　　　　⇓

| 사무국 | — | 이용가구 방문 및 조치 |

IV. 예산집행내역

(단위: 원)

항목	지출내역	산출근거(단가 × 수량)	소계	비고
읍면동특화사업지원비	인공지능돌봄사업 누구네모세트 (AI스피커)	이용료 33,000원 X 8개월 X 65가구 송금수수료 500원 X 1건	17,160,500	렌탈
	AS 및 기기 분실 비용	화면형스피커 165,000원 X 1대 포켓파이 110,000원 X 2대 송금수수료 500원 X 2건	276,000	분실
수용비 및 수수료	계약서 우편 발송	3,860 X 1건 = 3,860원	3,860	
총계			17,440,360	

V. 평가

○ 읍면동 AI 돌봄사업은 고령화로 인한 외로움, 두려움, 그리고 어려움을 극복하기 위한 중요한 첫걸음이 되었음. 특히 AI 기술을 활용한 돌봄 서비스는 고령자에게 심리적 안정감을 제공하고, 긴급 상황에 대비할 수 있는 체계를 구축하는데 기여 함. 또한 긴급 SOS 출동 안심서비스가 응급상황을 신속히 해결함으로써 이용자들의 안전이 강화됨.

○ 인공지능돌봄사업 서비스가 업데이트되어 이용자 관리가 더욱 편리해짐. 48시간 이상 사용하지 않는 이용자에게 AI가 전화 안부를 진행해 이용자의 안부(통화 내역)를 확인할 수 있게 되어 효율성이 크게 향상됨.

○ 본 사업은 읍면동지역사회보장협의체 위원들이 이용가구 방문을 통해 안부를 확인하고, 깊이 있는 관계를 형성해 문제 발생을 예방하고자 하는 목표로 진행되었으며, 읍면동분과 회의 및 공공간사 간담회를 통해 사업 설명 및 협조 요청을 진행했으나 이 부분에 대한 목표가 미진함.

○ 이용자 사망에 따른 기기 분실(1대) 문제가 발생함. 독거노인 가구로 가족관계 단절로 인해 이용자 사망에 따라 기기가 반납되지 않고 잃어버리는 상황이 발생해 방안 마련이 필요함.

VI. 향후 추진방향

○ 읍면동지역사회보장협의체 위원들이 사업에 함께 참여해 원활한 사업 수행이 될 수 있도록 전체 위원 대상 동영상 및 방문 교육 진행 예정. 이를 통해 위원들이 사업의 목적, 방문 시 유의사항, 기기 관리 및 돌봄 서비스의 중요성 등을 명확히 이해하고, 현장에서 더 효과적인 지원을 할 수 있도록 할 계획임.
○ 기기 분실 문제를 해결하기 위해 간담회 및 사례 공유, 기기 대여 안내문 부착, 기기 관리 강화를 하고자 함.
  - 간담회 및 사례 공유: 공공간사 간담회를 통해 기기 분실 문제에 대한 실제 사례를 공유하고, 이를 예방할 수 있는 방법에 대해 논의할 예정.
  - 기기 대여 안내문 부착: 이용자 가정에 대여 기기임을 명확히 알리기 위해, 대상자 집에 대여 기기임을 나타내는 안내문을 부착할 예정임. 이 안내문은 눈에 잘 띄는 곳에 부착되어 기기 반납을 유도하고, 기기 분실을 예방하고자 함.
  - 기기 관리 강화: 사망 시 기기 반납 절차를 강화하고, 가족 또는 보호자에게 기기 반납에 대한 정보를 사전에 제공해 분실을 최소화 할 수 있도록 하고자함.
○ 이러한 개선 방안을 통해 내년에는 사업 목표를 더 효과적으로 달성하고, 고령자들에게 더욱 안전하고 편리한 돌봄 서비스를 제공하고자 함.

5.
'25년 연차별시행계획 모니터링단 운영 기본 계획(안)

> 지역 특성과 욕구에 맞는 사회보장사업을 계획·시행해 복지 사각 지대 해소 및 자원 연계 등 지역의 문제를 완화하고 복지수준 향상을 도모하는 지역사회보장계획을 효과적으로 수행하고자 함.

Ⅰ. 운영개요

○ 일자: 2025. 07. / 10. / 12.
○ 장소: 포천시청
○ 참석자: 민간·공공 모니터링단 위원
○ 내용: '25년 연차별 시행계획 이행점검 모니터링
　　　　'26년 연차별 시행계획 수립 회의
　　　　'25년 연차별 시행계획 결과확인 모니터링
○ 기타: **모니터링 방법 및 세부 내용은 추후 세부계획 수립 예정**

II. 추진일정

기간	주요내용	비고
6. 30. ~ 7. 11.	'25년 연차별 시행계획 이행점검 모니터링 자료 제출	공공 사업담당자
7. 14. ~ 18.	취합자료 정리	복지기획팀, 사무국
7월 4주 중	'25년 연차별 시행계획 이행점검 모니터링 회의	민간·공공 모니터링단 위원
9. 8. ~ 19.	'26년 연차별 시행계획 부서별 세부사업 자료 제출	공공 사업담당자
9. 22. ~ 9. 26.	취합자료 정리	복지기획팀, 사무국
10월 3주 중	'26년 연차별 시행계획 수립 회의	민간·공공 모니터링단 위원
12. 10. ~ 17.	'25년 연차별 시행계획 결과확인 모니터링 자료 제출	공공 사업담당자
12. 18. ~ 26.	취합자료 정리	복지기획팀, 사무국
12월 5주 중	'25년 연차별 시행계획 결과확인 모니터링 회의	민간·공공 모니터링단 위원

III. 위원명단

○ 공공 모니터링단 위원

연번	성명	소속	직위
1		복지정책과	과장(공공위원장)
2		복지정책과 복지기획팀	팀장(공공부위원장)
3		복지정책과 기초생활보장팀	팀장
4		복지정책과 희망복지팀	팀장
5		복지정책과 지역사회통합돌봄팀	팀장
6		가족여성과 여성정책팀	팀장
7		가족여성과 외국인주민지원팀	팀장
8		가족여성과 아동보호팀	팀장
9		노인장애인과 노인복지팀	팀장
10		노인장애인과 장애인복지팀	팀장
11		노인장애인과 복지시설팀	팀장
12		교육정책과 교육정책팀	팀장
13		교육정책과 교육협력팀	팀장
14		교육정책과 평생교육팀	팀장
15		교육정책과 애지중지팀	팀장
16		민원과 민원관리팀	팀장
17		문화체육과 문화예술팀	팀장
18		일자리경제과 청년정책팀	팀장
19		주택과 주거복지팀	팀장
20		교통행정과 교통행정팀	팀장
21		보건정책과 보건정책팀	팀장

○ 민간 모니터링단 위원

연번	성명	소속	직위
1		실무위원장	민간위원장
2		실무부위원장	민간부위원장
3		청소년·청년분과장	총무
4		나눔·자원분과장	위원
5		노인분과장	위원
6		장애인분과장	위원
7		고용·이주민분과장	위원
8		가족·아동·여성분과장	위원
9		통합돌봄분과장	위원
10		문화·예술분과장	위원
11		주거·환경분과장	위원
12		대진대사회복지학과 교수	학계
13		군내면	일반시민
14		영중면	일반시민
15		포천동	일반시민

IV. 기대효과

○ 지역사회보장계획의 질적 향상과 실효성 마련
○ 포천시민의 사회보장 욕구를 반영한 지역사회보장 증진

2025. 6. 18(수) 14:00
포천시청 대회의실

2025년 6월 대표협의체 회의

진행 시나리오

포천시지역사회보장협의체 국장 이정식
☎ 538-30○○

I. 행사개요

1. 행사명: 2025년 6월 대표협의체 회의
2. 일시: 2025년
3. 장소: 포천시청 대회의실
4. 대상: 제8기 대표협의체 위원 34명
5. 주요내용: ① 운영규정개정안 심의
　　　　　　② 읍면동지역사회보장협의체 특화사업 심의
　　　　　　③ 읍면동지역사회보장협의체 연합 사업 보고
　　　　　　④ 외부추천이사 적격여부 심의 결과보고
　　　　　　⑤ '25년 연차별 시행계획 모니터링단 운영 보고
6. 기타 사항: 회의수당 지급

II. 시간계획

시 간	소요 시간 (분)	내 용	진 행
13:50~14:00	10분	참가자 확인 및 착석	사무국
14:00~14:05	5분	성원확인 및 개회	사무국
14:05~14:10	5분	포천시장 인사말	시장님
14:10~14:15	5분	민간위원장 인사말	시장님
14:15~14:25	10분	운영규정/특화사업 심의	위원장
14:25~14:30	5분	질의·응답	위원장
14:30~14:45	15분	읍면동사업 등 보고	위원장
14:45~14:50	5분	질의·응답	위원장
14:45~14:50	5분	공지사항 전달	사무국
14:50~14:55	5분	폐회 및 기념촬영	사무국

국장	지금부터 지역사회보장협의체 대표협의체 회의를 시작하겠습니다. 바쁘신 가운데도 이렇게 오늘 회의에 참석해 주신 대표협의체 위원님들께 감사의 말씀을 드립니다. 인사드리겠습니다. 저는 포천시지역사회보장협의체 사무국장 이정식입니다. 국민의례는 생략하도록 하겠습니다. (휴대폰은 진동 또는 무음으로) 오늘은 운영규정 개정안 심의, 읍면동보장협의체 특화사업 심의, 읍면동연합사업과 외부추천이사적격심사, 연차별시행계획모니터링단 운영에 대한 보고 등의 순서로 진행하겠습니다. 그럼 먼저 오늘 새롭게 지역사회보장협의체 대표협의체 위원으로 위촉되시는 분들에 대한 위촉장 수여가 있겠습니다. 위촉장! 포천시청년회의소 회장 ○○호, 위 분을 포천시 지역사회보장협의체 위원으로 위촉합니다. 포천시장 백○○. 다음은 오늘 대표협의체 회의에 참석해 주신 위원님들을 소개해 드리도록 하겠습니다. 포천시지역사회보장협의체 박○○ 민간공동위원장님 참석하셨습니다. 포천시지역사회보장협의체 임○○ 부위원장님 참석하셨습니다. 포천시지역사회보장협의체 김○○ 실무위원장님석하셨습니다. 읍면동지역사회보장협의체 김○○ 대표님 참석하셨습니다. 포천시종합사회복지관 김○○ 관장님 참석하셨습니다. 대진대학교 사회복지학과 김○○ 교수님 참석하셨습니다. 경기부모연대 포천시지부 김○○ 지부장님 참석하셨습니다. 국민연금공단 포천철원지사 김○○ 지사장님 참석하셨습니다. 포천시자원봉사센터 박○○ 센터장님 참석하셨습니다. 포천시장애인총연합회 박○○ 회장님 참석하셨습니다. 포천시여성단체협의회 신○○ 회장님 참석하셨습니다. 포천시새마을부녀회 이○○ 회장님 참석하셨습니다. 지역사회전환시설 라온 임○○ 시설장님 참석하셨습니다. 포천시장기요양기관협회 황○○ 회장님 참석하셨습니다.

국장	다음은 공공위원님들이십니다. 포천시 인구성장국 최○○ 국장님 참석하셨습니다. 포천시 자치행정국 강○○ 국장님 참석하셨습니다. 포천시 문화복지국 이○○ 국장님 참석하셨습니다. 포천시 경제환경국 전○○ 국장님 참석하셨습니다. 포천시 홍보담당관 윤○○ 담당관님 참석하셨습니다. 그리고 공공 공동위원장이신 백○○ 포천시장님 참석하셨습니다. 그럼 먼저 공공 공동위원장이신 백○○ 포천시장님의 인사 말씀이 있겠습니다. (시장님 인사말씀) 다음으로 민간 공동위원장이신 박○○ 위원장님의 인사말씀이 있겠습니다. (민간위원장 인사말씀) 회의 시작에 앞서 성원 보고를 해 드리겠습니다. 전체 위원 34분 가운데 ○○ 명이 참석해 성원이 되었음을 보고드립니다. 이후 회의 순서는 박○○ 위원장님께서 주재해 주시겠습니다.
위원장	네 2025년 제2회 대표협의체 회의 개회를 선언합니다. (의사봉3타) 오늘 심의안건과 보고 안건은 모두 지난번 실무협의체 회의에서 심의된 내용입니다. 김○○ 실무위원장께서 실무협의체 심의 내용에 대해 말씀해 주시면 감사하겠습니다.
실무 위원장	실무협의체 회의 내용 보고
위원장	네 감사합니다. 오늘은 심의 안건은 두 건입니다. 먼저 의안번호 1호 운영규정개정안을 상정합니다. (의사봉) 이정식 사무국장께서 안건 내용을 설명해 주시기 바랍니다
국장	운영규정개정안 설명

위원장	더 이상 질문 없으시면 본 안건을 원안대로 의결하고자 하는데 위원님들 이견 없으십니까? 이견이 없으시면 원안대로 가결되었음을 선포합니다. (의사봉 3타) 다음 의안번호 제2호 읍면동 보장협의체의 특화사업안에 관한 심의를 상정합니다. (의사봉 3타) 내용을 이정식 사무국장께서 설명해 주시기 바랍니다.
국장	사무국장 보고
위원장	지금까지 보고 받은 내용 가운데 질문이 있는 위원님 있으신가요? 네 더 이상 의견이 없으시면 이상으로 오늘 대표협의체 회의를 모두 마치겠습니다. 폐회를 선언합니다. (의사봉 3타)

회의 진행을 원활하게 하기 위해 사무국장은 다음과 같은 본인이 발언할 내용을 따로 작성해 발표하는 것이 좋다. 대부분의 회의 자료는 내용이 방대하기 때문에 미리 적어두지 않으면 갑작스런 위원들의 질문을 받았을 때 당황할 수 있다. 따라서 자신의 발표 자료는 미리 자세하게 작성할 필요가 있다.

> 첫 번째 심의·의결 안건은 운영규정 개정안에 관한 것입니다.
>
> 지난 5월 9일에 있었던 운영위원회에서 지역사회보장협의체 운영규정의 일부 규정을 개정 또는 신설했습니다. 회의 자료 2페이지를 봐 주시면 감사하겠습니다.
>
> 개정된 운영규정의 주요 내용은 지역사회보장협의체 조례 개정에 따라 중복 또는 내용상 불일치 되는 부분에 대한 것으로 먼저 제12조 규정에 협의체 담당과장이 대표협의체의 당연직 위원이 된다는 규정과 담당 팀장이 간사가 된다는 규정을 폐지했습니다. 이는 운영 조례상 해당 규정이 폐지됨에 따라 운영규정에서 폐지한 것입니다.

제15조 운영위원회의 기능 중에 사회복지시설에 준하는 사업계획의 수립 및 변경에 관한 사항, 그리고 사무국 예산의 결산에 관한 사항, 그리고 보장협의체 사무국직원 임용에 관한 조항 등을 신설했습니다. 그동안 운영위원회의 역할이 너무 작은 것 아니냐는 지적에 따라 운영위원회의 실질적인 기능을 보강한 것으로 보면 되겠습니다.

제18조 규정은 운영조례상 연간 회의 개최 횟수가 6회로 되어 있기 때문에 운영규정 역시 4회로 되어 있던 규정을 6회로 개정한 것입니다.

제24조 읍면동보장협의체에 관한 규정 중 전체 위원이 참석하는 회의라는 부분의 삭제를 했는데 이것은 읍면동의 자율적인 회의 및 의사 결정을 존중하는 의미에서 개정한 것입니다.

그리고 제34조 직원의 임용과 제33조 사무국장의 임기 부분은 신설했는데 해당 조항이 운영조례나 시행규칙에 없는 부분이기 때문에 운영규정에 신설조항으로 만들게 되었습니다. 내용을 보시면 운영위원회가 인사위원회의 기능을 수행한다는 것과 사무국장의 임기를 2년, 연임 가능으로 명기한 부분을 보실 수 있습니다.

보장협의체 운영규정은 보장협의체 운영조례와 보건복지부의 운영매뉴얼을 중심으로 만들어진 내부 규정으로 운영조례와 운영 매뉴얼이 수정될 경우 동반해 수정된다는 점을 알려드립니다.

3페이지부터 11페이지까지는 운영규정의 전문을 수록해 놓았습니다. 참고적으로 살펴봐 주시면 감사하겠습니다.

다음 심의 안건은 이번에 처음으로 시행하는 읍면동 보장협의체 특화사업에 대한 대표협의체의 심의에 관한 것입니다.

지역사회보장협의체 운영지침에는 읍면동 보장협의체의 특화사업에 대해 대표협의체가 심의하도록 규정하고 있습니다. 다만 지역의 여건에 따라 탄력적으로 운영할 수 있다고 되어 있어 우리 지역에서는 그동안 읍면동보장협의체 특화사업을 보고 안건으로 처리해 단순 보고만 진행해 왔습니다.

하지만 어느 정도 지역의 여건도 성숙했고, 대표협의체에서 특화사업을 심의하는 이유가 지역 특화사업을 활성화시키기 위함이기 때문에 이번 대표협의체에서 심의 안건으로 다루기로 한 것입니다.

회의 자료 12페이지를 보시면 지역사회보장협의체 사무국의 AI돌봄사업과 함께 각 지역별 특화사업들이 열거되어 있습니다. 검토해 주시면 감사하겠습니다.

통상 지역에서는 서너 개의 특화사업을 진행하고 있습니다. 따라서 이번 대표협의체 심의에서는 처음 시행하는 심의이고, 현재 진행 중인 사업들이기 때문에 사업 모두를 심의하는 것이 아니라 그 중 대표적인 특화사업만을 심의하도록 하겠습니다.

회의 자료 20페이지를 봐 주시기 바랍니다.

소흘읍의 경우 '행복나눔 요구르트 지원' 사업으로 저소득 독거노인에 대한 요구르트 지원을 하면서 생활에 대한 모니터링도 함께 시행한다는 내용의 사업입니다. 주 1회 요구르트를 가져다 주면서 안부를 묻는 그런 사업이 되겠습니다.

군내면의 '나누어 하나되는 우리' 사업은 관내 업체들로부터 지원받은 물품을 중위소득 120% 이내의 가정에 전달하면서 안부를 묻는 사업입니다. 매월 두 차례 실시하며 보장협의체 위원들이 직접 가정을 방문해 살펴본다는 내용의 사업이 되겠습니다.

내촌면의 '똑똑한 요구르트 지원' 사업은 홀몸노인과 중장년 단독가구의 고독사를 막기 위해 매주 2회 요구르트를 가지고 방문해 고독사 위험군에 대한 모니터링을 실시한다는 사업입니다.

가산면의 '세찬봉사단'사업은 소외계층에게 건강한 식단의 식사를 제공함으로서 결식 우려를 해소하고 식생활도 개선한다는 내용의 사업입니다. 세찬봉사단을 구성해 월 2회 건강한 반찬을 만들어 지원하는 것으로 보장협의체 위원를 4팀으로 나누어 직접 반찬을 만들고 전달하는 내용입니다.

신북면의 '온동네 건강한 스푼' 사업은 삼정리, 갈월리, 금동리, 덕둔리 등 의료접근성이 낮은 지역에 있는 노인을 대상으로 보건진료소장과 보장협의체 위원, 공무원 등이 함께 팀을 구성해 지역주민들을 방문하고 통합돌봄을 시행한다는 의미의 사업입니다. 회의 자료 35페이지 입니다.

창수면은 '사랑 한 모금, 정성 한 알' 사업을 시행하고 있습니다. 이 사업은 보장협의체 위원들이 이 지역에서 추천받은 28명의 대상자에게 두유와 계란을 격월로 지원한다는 사업으로 한 달은 두유, 한 달은 계란을 지원하는 것입니다. 이렇게 물품을 전달하면서 안부도 확인하고 정서적 안정도 지원하는 것입니다.

영중면은 '똑똑! 행복나눔 일촌맺기 사업'을 시행하고 있습니다. 이 사업은 고령화와 1인 가구의 증가로 대두되는 가족해체와 사회적 고립의 증가로 나타나는 고독사와 우울증을 막기 위해 민관 협력으로 취약계층에 대한 안정망을 구축한다는 것으로 복지일촌을 맺은 보장협의체 위원과 대상자가 정기적으로 만나 안부도 묻고 정서적인 지원을 한다는 사업입니다.

일동면의 경우 '고독사예방을 위한 마을복지발굴단' 사업을 시행하고 있습니다. 난방비 증가로 겨울에 생활이 어려운 취약계층을 위해 난방비를 지원하고 유제품들을 지원해 건강한 생활도 할 수 있도록 돕는다는 의미의 사업이 되겠습니다. 난방 취약가구는 14가구를 선정해 지원하고 유제품은 125가구 등에 지원하고 있습니다.

이동면의 사업은 '헌집에서 새집으로 이동하자' 라는 이름의 사업으로 40년 이상 된 노후 주책에 거주하는 대상자들에게 슬레이트 지붕교체 및 도배장판 등의 집수리를 해 주는 사업으로 대상자 3명을 선정해 지원하고 있습니다.

영북면 사업은 '이웃과 함께 살아가는 영북만들기' 사업을 시행하고 있습니다. 관내 취약계층에게 쾌적하고 안전한 주거환경을 제공하고 먹거리도 지원해 복지체감도를 높이겠다는 사업입니다. 대상자 4가구에 대해 주거환경개선지원을 실시하고, 30가구를 대상으로는 식품 등을 후원받아 지원한다는 내용의 사업이 되겠습니다.

관인면은 '물심양면 프로젝트'를 실시하고 있습니다. 이 사업은 관내 독거노인을 위해 주거환경을 개선하고 쾌적한 주거생활을 영위할 수 있도록 돕는다는 내용으로 관인면의 경우 주거 관련 시공업체가 전무하기 때문에 타 지역에 의뢰해 사업을 시행한다고 합니다. 이 사업도 단순 물품지원이 아니라 모니터링도 함께 진행하는 사업이 되겠습니다.

화현면은 '사랑의 영양 도시락 배달 및 모니터링' 이라는 사업을 시행합니다. 관내 독거 노인을 대상으로 사랑의 영양도시락을 만들어 배달하면서 모니터링을 실시한다는 내용의 사업으로 총 23가구를 내상으로 본 사업을 시행하고 있습니다.

포천동은 '마음포근 사업' 이라는 특화사업을 하고 있습니다. 저출산과 고령화로 증가하는 1인가구가 사회의 취약계층이 되어 고립과 고독사 등의 문제를 낳고 있는데 공공 사례회의를 통해 선정한 가구에 대해 관내의 심리상담센터와 함께 상담과 모니터링을 진행한다는 내용의 사업입니다.

선단동의 사업은 '소외계층 삶의 질 향상을 위한 찾아가는 복지서비스'입니다. 관내 저소득층을 대상으로 이미용과 양말목 공예 등을 지원한다는 사업으로 청춘미용실인 이미용 서비스는 연간 100명을 대상으로 시행하며 행복채움 프로젝트로 연 6회 이상 경로당을 방문한다는 내용입니다.

보다 상세한 사업 내용은 회의 자료 20페이지에서 60페이지까지 참고해 주시기 바랍니다.

마지막으로 사무국에서 시행하고 있는 AI 돌봄사업에 관해 보고 드리겠습니다.
회의 자료 13페이지입니다.

24년부터 시행하고 있는 본 사업은 관내 14개 읍면동의 65가구의 독거노인을 대상으로 SK 텔레콤의 아리아 기기를 보급해 돌봄을 수행한다는 사업입니다. 올해도 작년과 마찬가지로 사업을 시행하고 있으며 기기 월 사용료 33,000원을 사무국에서 지원하고, 연간 약 1800만원의 예산을 투입하는 사업입니다. 현재까지 사용자들의 만족도는 매우 높은 편이며 향후 사무국이 아닌 각 지역별 단독사업으로 시행할 수 있도록 유도할 예정입니다.

AI 기기 보급 사업은 어떤 회사의 기기를 사용하는가와 어떤 통신서비스를 사용하는가에 따라 내용이 상이합니다. 우리 포천시지역사회보장협의체에서 시행하고 있는 AI 기기 보급사업의 경우 독고노인을 중심으로 정서적인 지원과 아울러 긴급 출동 서비스도 가능한 양방향 서비스 기기로 여러 차례 긴급 출동을 통해 대상 노인들을 지원한 바 있습니다.

향후 읍면동보장협의체의 모니터링 기능 강화와 서비스에 대한 만족도와 해결해야 할 과제 등을 공유하는 보고회를 통해 향후 사업 진행을 추진해 나가도록 하겠습니다.

이번에 보고 드릴 내용을 읍면동 보장협의체 연합사업에 관한 것입니다.
이미 읍면동 공공간사 회의에서 공유된 내용으로 간략하게 보고드리도록 하겠습니다. 회의자료 61페이지를 참고해 주시기 바랍니다.

먼저 읍면동보장협의체 연합바자회가 지난 6월10일에 포천시청 광장에서 있었습니다.
오전10시부터 오후3시까지 진행했고, 14개 읍면동 전부 참여해 예정했던 기금 조성을 성공적으로 마무리했습니다. 지역의 사업에 필요한 복지기금을 조성하기 위해 시행되는 연합바자회로 올 해가 다섯 번째로 시행한 해가 되겠습니다.

아시다시피 연합바자회는 읍면동기금조성과 아울러 소통과 협업, 협력 등도 함께 기대하는 사업입니다.

다음은 읍면동 연합삼계탕 나눔사업입니다.

6월30일 월요일 오전 중에 실시될 예정이고 장소는 예전과 같은 운악광장 주차장에서 할 예정입니다.
관내 취약계층에게 삼계탕을 나누어 준다는 의미의 사업으로 예년과 달리 올해는 배분 대상자를 지역별로 미리 취합해 약 1800여 가구에게 삼계탕을 배분하게 될 전망입니다.

삼계탕 행사에 필요한 예산은 포천시의 희망곳간과 각 지역에서 갹출한 예산을 더해 진행하게 될 것이며 행사 특성상 하루에 끝내지 못하기 때문에 읍면동 보장협의체 위원들은 상당한 고생을 하게 될 것으로 보입니다. 많은 지지와 격려를 부탁드립니다.

다음 보고 안건은 운영위원회에서 심의 의결한 내용으로 우리 지역사회보장협의체의 기능 중 사회복지법인의 외부추천이사제 운영에 관한 것입니다. 회의 자료 62페이지를 참고해 주시기 바랍니다.

그동안 지역의 사회복지법인에 외부추천이사를 추천하면서 애로 사항이 많았습니다. 다들 아시겠지만 우리 지역에 외부추천이사 인력풀이 너무 적기 때문입니다. 외부추천이사는 사회복지법인에서 추천을 의뢰한 인원의 3배수를 해 주도록 하고 있습니다. 우리 지역의 사회복지법인의 수는 6개이며 이들 법인에서 원하는 외부추천이사는 20여 명 가까이 됩니다. 따라서 산술적으로 60명의 인력풀이 있어야 하겠지만 2025년 1월 현재 우리시의 경우 약 30명의 인력밖에 없는 실정입니다.

따라서 이번에 외부추천이사 인력확보를 위해 모집공고를 진행했고, 최소한 40명 정도의 인력을 만들기 위해 노력했습니다. 공고를 통해 새롭게 모집된 인원은 6명으로 회의 자료 14페이지를 보시면 해당 내용이 나와 있습니다.

이번 운영위원회의에서는 모집 원서를 낸 6명의 인원에 대한 적격여부를 심의했으며 심사표에 따라 6명의 인원 모두를 외부추천이사 인력풀에 포함하기로 했습니다.

잠깐 이번에 외부추천이사가 되신 분들을 살펴 보면

김○○ 종합사회복지관장, 박○○ 노인복지관장, 박○○ 정신재활시설장, 황○○ 요양원장, 이○○ 요양원장, 그리고 배○○ 물리치료사 등 여섯 분입니다.

향후 일정은 현재 인력풀에 있는 분들과 함께 외부추천이사 기본교육을 실시한 후 사회복지법인에서 원할 경우 이들을 외부추천이사로 추천할 예정입니다.

교육 일정은 대표협의체 회의가 끝나는 7월 초순 경으로 예정하고 있습니다.

마지막으로 연차별시행계획 모니터링단 운영계획에 대해 보고 드리겠습니다.

연차별시행계획 모니터링단은 민간과 공공이 협력적으로 참여하게 되는데 올 이미 계획수립에 관한 모니터링을 진행한바 있습니다. 향후 이행점검과 결과확인 등의 모니터링을 하게 되며 일정은 7월과 10월 12월 등으로 예정하고 있습니다. 자세한 사항은 회의 자료 67페이지를 참고해 주시기 바랍니다.

모니터링단의 공공위원장은 복지정책과 홍○○과장님이고 민간위원장은 김○○실무위원장이십니다. 박○○ 복지기획팀장님이 공공부위원장을 맡고 조○○ 부위원장께서 민간부위원장을 맡게 됩니다.

아시다시피 올해 연차별시행계획은 내년에 있을 제6기 보장계획 수립을 위한 조사사업이 진행되는 해이기 때문에 지역사회조사사업을 염두에 두고 진행될 예정입니다. 우리시는 총38개의 세부사업을 시행하고 있는데 사회보장사업전략체계와 지역사회보장발전전략체계로 나누어 사업이 시행됩니다. 우리시의 슬로건은 '함께해서 더 큰 행복도시 포천'입니다.

모니터링단은 지역사회보장계획의 질적 향상과 실효성을 확보하기 위해 시행하는 점검 단계에 해당되며 포천시민들의 사회보장욕구를 반영한 지역사회보장계획이 수립되고 시행되게 하는 것을 목적으로 합니다.

예년과 달리 제5기 보장계획부터 모니터링단의 활동이 매우 세부적이고 내실있게 진행되었다는 자평을 하고 있는데 그동안 바쁜 시간에도 불구하고 모니터링에 적극적으로 참여해 주신 공공과 민간의 여러 위원님들께 이 자리를 빌어 다시 한번 감사하다는 말씀을 드리고 싶습니다.

올해는 모니터링을 위한 교육을 별도로 실시하지는 않을 예정이고요, 보건복지부의 지침에 따라 일정을 준수하는 해가 되도록 노력하겠습니다. 그러기 위해서는 여러 위원님들의 수고가 있어야 할 것으로 보입니다. 이점 널리 양해하시어 기관에서 회의에 출석하는 직원들의 참여가 원활히 이루어질 수 있도록 대표협의체 위원님들의 협조 부탁드립니다.

보다 자세한 사항은 회의 자료를 참고해 주시고 오늘 이 자리에 계신 대표협의체 위원님들께서도 많은 관심을 가지고 지지와 격려를 해 주실 것을 다시 한번 부탁드립니다.

대표협의체뿐 아니라 지역사회보장협의체의 모든 회의는 비슷한 메커니즘에서 관리된다. 회의 소집을 위한 계획안을 작성하고, 공문을 발송하고, 회의 자료를 만들어 공유하고, 시나리오와 인사말을 준비하고, 회의 후에는 결과보고서를 작성해 비치한다. 보건복지부의 운영 설명서에도 이와 같은 업무 순서가 적시되어 있다. 다만 대표협의체 회의가 가진 상징적인 의미 때문에 이런 자료를 사무국에서 만들지 않고, 공공에서 작성하는 때도 있다. 지자체장에게 사전에 회의를 통해 얻으려는 결과가 무엇인지 보고해야 하는 공공의 입장에서는 그럴 수 있다. 막대한 예산이 투입되거나 대규모의 사업을 결정하는 회의가 아니므로 사실 대표협의체 회의에서 나올 수 있는 중차대한 결론은 많지 않다.

아닌 지역도 있겠지만, 지자체장은 대표협의체 회의에 참석한다 해도 인사말만 하고 퇴장하는 경우가 많다. 1시간도 넘게 진행되는 대표협의체 회의에 끝까지 자리를 지키고 앉아 있는 지자체장을 만나기는 쉽지 않다. 그래도 지역의 주요 기관 대표들이 참석하는 회의임으로 예의상 인사말 정도만 하고 퇴장하는 것이다. 사무국 직원으로서 이런 모습이 늘 아쉬웠다. 대표협의체의 심의나 의결 사안은 지자체장이 알아야 하는 것들이 많은데 지자체장은 회의에 참석하지 않는 것이나 마찬가지이기 때문이다. 지자체장이 지역복지 내용을 잘 모를 수도 있고, 중대한 사안을 다루는 회의가 아니라고 판단할 수도 있다. 하지만 실무분과에서 1~2년 동안 설문 조사를 직접 진행하고, 보고서를 만들어 필요한 정책이라 결론지어 제안하는 사업들이 대표협의체 심의 안건이 된다. 지자체장들은 실무분과에서 오랫동안 열과 성을 다해 준비한 안건들이 심의된다는 점을 인식할 필요가 있다. 어렵게 실무분과에서 공들여 만든 안건들이 의제가 된다는 것이다. 시민의 입장에서 새로운 정책을 지자체에 제안하는 것이므로 고마워해야 한다. 어찌 보면 지자체장을 포함한 정치인들이 해야 할 일을 무보수 명예직인 지역사회보장협의체 위원들이 대신하는 것일 수 있다. 대표협의체의 안건 대부분은 쉽게 만들어진 것이 없다. 하지만 가장 간단하게 끝나 버리는 회의가 대표협의체라는 말도 있다. 사전에 배포한 회의 자료도 제대로 보지 않고 오는 위원들도 상당수이고, 지자체장도 인사말만 하고 사라지는 회의이기 때문이다. 해당 지역의 지역복지, 특히 보장사업의 성패 여부는 대표협의체의 심도있는 심의와 의결에 달려 있다 해도 과언이 아니다. 지역의 발전과 시민의 복리 증진을 원한다면 지자체장들이 대표협의체 회의에 관심과 애정을 갖도록 만들어야 한다.

실무협의체

실무협의체는 지역사회보장협의체의 중간 역할을 담당하는 조직이다. 대부분 위원이 복지 관련 기관의 중간관리자들이다. 예를 들면 종합사회복지관의 부장, 자활센터의 실장, 자원봉사센터의 국장 등이다. 실무협의체 구성에서 가장 중요한 요소는 대표협의체와 달리 전문성이다. 해당 시·군·구의 지역사회보장영역 업무에 종사하고 있는 현장 전문가, 즉 중간관리자들이 구성의 중추이다. 대표협의체와 마찬가지로 해당 시·군·구의 지역사회보장의 모든 영역이 포함되어야 한다는 포괄성도 가지고 있다.

실무협의체는 실무분과와 대표협의체를 이어주는 가교 같은 역할을 담당한다. 개인적으로 처음 입사했을 때 '실무협의체의 역할이 애매해 보였고, 과연 있어야 하는 조직이 맞나?' 하는 생각을 한 적이 있다. 어차피 의결은 대표협의체에서 할 것이고, 중요한 사업의 입안은 실무분과가 맡아서 하기 때문이다. 말 그대로 중간에서 실무분과와 대표협의체가 해야 할 일을 그냥 별 의미 없이 한 번 더 거치는 것 같다는 생각을 했었다. 하지만 시간이 지나고 나서 생각해 보니 대표협의체 이상으로 중요한 역할을 하는 곳이 바로 실무협의체였다.

실무협의체도 대표협의체와 마찬가지로 10인 이상 40인 이하로 구성한다. 성별을 고려해 한쪽 성비가 지나치게 많지 않도록 배려해야 함은 물론이다. 대표협의체 위원을 지자체장이 위촉하는 것과 달리 실무협의체 위원은 대표협의체 위원장, 즉 민간위원장이 위촉한다. 실무협의체 위원장은 위원 중에 호선하게 되는데, 실무협의체 구성을 대표협의체의 민간 공동위원장이 하므로 실무협의체 구성 후 첫 회의는 민간 공동위원장이 주재한다. 그 자리에서 위원 중에 한 사람을 호선하여 실무위원장직을 맡기게 된다. 보건복지부의 운영 매뉴얼에는 민간 위원 중에서 위원장을 맡도록 하고 있다. 실무협의체 위원 중 상당 비율의 사람이 공무원이지만, 위원장은 민간이 하도록 한 것이다. 전국의 모든 지자체의 실무위원장은 공공이 아닌 민간인이다.

실무협의체의 구성은 매우 특이한데 당연직 위원이 거의 2/3나 된다. 위원의 대부분이 당연직으로 일반 위촉직은 1/3 이하이다. 따라서 실무협의체의 구성은 매우 기계적으로 이루어진다. 여기서 말하는 당연직은 실무분과의 분과장과 실무분과에 참여하는 담당 부서의 공무원이다. 실무분과의 수를 고려하면 대략 당연직 위원은 15~20명 정도가 된다. 실무협의체 위원을 40인 이하로 규정하고 있지만, 이미 절반 이상의 위원이 당연직으로 채워지는 것이다. 예외가 있긴 하지만 실무협의체 위원의 수는 대부분의 지역에서 30명 내외이다. 위촉직 위원들은 지역사회보장 관련 복지기관의 중간관리자급을 대상으로 한다. 복지 관련 기관의 부장, 국장, 팀장 등이다. 그렇지만 지역 사정에 따라 기관의 장이 실무협의체 위원이 되기도 한다. 특히 민간단체의 장이 실무협의체 위원이 되는 경우를 권고하고 있다.

민간단체의 장을 영입한다는 것은 특별한 의미가 있다. 지역사회보장협의체에서 다루는 영역이 단순한 공공 성격의 복지 영역만이 아니라 지역주민의 복리 증진이라는 대명제를 충족해야 한다는 것이기에 여러 복지 관련 분야가 포함되는 것이 바람직하다. 과거 지역사회복지라고 하면 전통적인 복지 영역인 장애인, 노인, 아동, 저소득층 등으로 한정되었었다. 하지만 지역사회보장이라는 영역에서는 문화와 예술, 체육, 교육, 환경, 사회적 경제 등의 영역까지 확장된 것으로 보고 있다. 따라서 중간관리자인 실무협의체에는 가능한 한 더 많은 다양한 영역의 전문가들이 합류하는 것이 지역복지증진이라는 명제에 더 부합될 수 있을 것이다.

실무협의체 위원의 임기도 대표협의체와 마찬가지로 2년이다. 위원장은 1회에 한해 연임할 수 있다. 다만 위원은 연임의 제한을 두지 않을 수 있다.

실제 지역에서 실무협의체 위원들은 임기와 관련 없이 오랫동안 위원으로 활동하고 있다. 어쩌면 지역사회보장협의체 위원 중에 가장 장기간 활동하는 사람들은 실무협의체에서 활동하고 있을 가능성이 크다. 사무국 직원으로서 실무협의체는 친정 같은 느낌이다. 지자체장이 참여하기 때문에 촉각을 곤두세우며 예민한 대표협의체보다 실무협의체 회의는 그래도 숨통이 트이는 감이 있다. 실무위원장은 사무국 직원들의 근태를 관리하는 결재권자이기 때문에 사무국 직원들의 업무에 대해 자세히 알고 있는 사람이고, 사무국 직원들도 사무국의 업무 전반을 실무위원장에게 보고한다. 실무위원장은 실무분과장들을 아우르는 위치에 있으므로 실무분과 사업 내용을 어느 정도는 인지하고 있어야 한다. 실무분과 입장에서는 자신들이 입안한 사업 내용을 보고하는 대상이 실무위원장이다. 이런 면에서 볼 때 실무위원장은 지역사회보장협의체에서 가장 중심에 있는 사람으로 사무국과 보장협의체의 사업 전반에 대해 폭넓은 이해와 관심이 있어야 한다.

보통 실무위원장은 대표협의체의 민간 공동위원장보다 경력이 적거나 나이가 어린 경우가 많다. 지역의 민간 전문가로서 민간 공동위원장과 같은 처지에 있는 실무위원장은 사무국 직원들과 함께 여러 업무를 수행하고, 민간 영역의 전문성을 극대화해야 한다는 사명을 가지고 있다. 이런 이유로 실무위원장을 당연직으로 대표협의체 위원으로 배치하는 것이다.

실무위원장은 연차별 시행계획 모니터링 단의 민간 위원장직도 수행한다. 때에 따라서는 연차별 시행계획 수립 T/F의 민간 위원장직도 맡는다. 실무위원장은 대표협의체 민간위원장과 달리 실무에서 대부분 민간을 대표하는 역할을 한다. 그만큼 사회복지에 대한 지식과 경험이 있어야 한다. 탄탄한 지역복지에 대한 이해와 업무 추진의 전문성을 가지고 있어야 한다. 실제 현장에서 실무위원장은 명예직이지만, 사무국 직원들에겐 직장 상사 같은 느낌을 주는 사람이다.

실무협의체 회의는 연 6회 이상 개최하도록 권유하고 있다. 포천시의 경우 조례상 연 6회로 규정해 놓았다. 연 6회라 하면 두 달에 한 번은 회의해야 한다는 의미다. 현장에서는 실천하기가 쉽지 않은 규정이다. 6회 이상이라는 회의 개최 수를 채우지 못해 회의 미시행 사유서를 작성해야 하는 일도 있다. 실무협의체는 공공 위원이 상대적으로 많으므로 가능하면 공무원들이 오기 편한 장소를 택해 개최한다. 또한, 정족수를 고려해 공공 위원들을 회의에 불러 모으는 것도 사무국 능력 중에 하나로 손꼽힌다. 실무협의체 회의에서는 실무분과의 사업에 관한 이야기가 주로 다루어지는데 그래서 실무분과장들이 발언하는 경우가 종종 있다. 특히 실무분과에서 입안해 정책으로 제안하고자 하는 사안에 대해서는 실무협의체에서 미리 심의하는 절차가 필수이기 때문에 대표협의체처럼 의결은 하지 않지만, 제안하고자 하는 사안에 대해 신중한 심의가 이루어진다. 대부분의 정책제안은 실무분과에서 설문 조사나 보고서 작성 등을 마친 사업들이기 때문에 공을 많이 들인 안건들이다. 실무분과에서는 실무협의체에 안건으로 상정하기 위해 몇 년 동안 설문 조사를 하고, 보고서를 작성한다. 따라서 실무협의체에서는 가능하면 실무분과의 사업들이 사장되지 않고, 시·군·구 정책에 잘 반영될 수 있도록 힘을 실어주는 역할도 담당해야 한다.

다음의 자료들은 실무협의체 회의의 계획안과 시나리오, 그리고 회의를 진행하는 사무국의 발표 자료 등이다. 실무협의체 회의에서 의결을 하지는 않지만, 심도 있는 심의를 하는 경우가 많다. 때문에 개회를 선언하고 회의를 진행하는 방식은 대표협의체와 같지만, 회의 자료의 내용을 깊이 있게 검토하기 위한 질의와 응답이 긴 시간 동안 이어지기도 한다. 어떤 면에서 보면 대표협의체 회의보다 더 긴장감이 있고, 더 많은 내용의 이야기들이 오가게 된다. 회의를 준비하고 진행하는 사무국 입장에서는 대표협의체보다 부담은 덜하지만, 자료 준비에는 더 신경을 써야 하는 회의라 하겠다.

2025년 제3회
실무협의체 회의 자료

2025.
포천시청 신관 2층 시정회의실

 포천시지역사회보장협의체

제3회 실무협의체 회의 안건

의안 번호	의안 구분	제목	주요내용	비고
1	보고	제5기 지역사회보장계획의 2025년도 연차별 시행계획의 이행점검 모니터링 결과	2025년 연차별 시행계획의 이행점검 모니터링 결과 보고	
2	보고	실무분과 하반기 사업 보고	실무분과 사업 보고	
3	보고	배분심사위원회의 일부 개편안 심의 의결	배분심사위원회의 일부 개편안 심의 의결	

제9기 지역사회보장협의체 실무협의체위원 구성

■ 총30명(재위촉 15명, 신규위촉 5명, 당연직 10명)

연번	성명	성별	구분	직위
1		여	위촉직 (19명)	포천시노인복지관 부장
2		남		라온경기도지역사회전환시설 사무국장
3		여		문화·예술분과장
4		남		포천지역자활센터장
5		남		신읍동도시재생주민협의체 분과장
6		여		청소년·청년분과장
7		남		나눔·자원분과장
8		여		고용·이주민분과장
9		남		통합돌봄분과장
10		남		포천 나눔의 집 사무국장
11		여		포천시종합사회복지관 부장
12		여		주거·환경분과장
13		남		장애인분과장
14		남		포천시정신건강복지센터 부센터장
15		여		포천시 여성단체 연합회 부회장
16		여		포천여성새로일하기센터 부장
17		남		노인분과장
18		여		가족·아동·여성분과장
19		여		경기도의료원 포천병원 공공사업과장
20		여	당연직 (10명)	희망복지팀장
21		여		애지중지팀장
22		여		문화예술팀장
23		여		공공부위원장(복지기획팀장)
24		남		일자리센터팀장
25		여		지역사회통합돌봄팀장
26		여		보건정책팀장
27		여		노인복지팀장
28		여		여성정책팀장
29		여		장애인복지팀장

의안번호	1	의안구분	보고	보고자	사무국

제5기 지역사회보장계획의 2025년도 연차별시행계획의 이행점검 모니터링 결과

[2025년도 연차별시행계획의 이행점검 모니터링 결과]

추진상황 및 총평
모니터링 종합의견 일람표 (우수/보통/미흡)
모니터링 결과에 따른 계획 변경 내용
모니터링 지표(전체)

붙임문서	

1-1. 2025년도 연차별시행계획의 시행계획 및 이행점검 모니터링 결과

의안번호	2	의안구분	보고	보고자	분과장

2025년 실무분과 하반기 사업안 보고

[2025년도 실무분과 하반기 사업안 보고]

각 분과별 하반기 사업안 보고

붙임문서	

1-1. 분과별 하반기 사업안

의안번호	3	의안구분	심의의결	보고자	사무국

배분심사위원회의 일부 개편안 심의 의결

[배분심사위원회의 일부 개편안]

① 배분심사위원회의 외부 위원 영입에 관한 사항
② 현 배분심사위원회 위원 증원에 관한 사항
③ 연말 배분심사위원회 사업결과 보고회에 관한 사항

붙임문서	

1-1. 배분심사위원회의 개편안

2025. 8. 4(월) 14:00
포천시청 시정회의실

2025년 8월 실무협의체 회의
(제3회)

진행 시나리오

포천시지역사회보장
협의체 국장 이정식
☎ 538-3○○○

I. 행사개요

1. 행사명: 2025년 8월 실무협의체 회의
2. 일시: 2025년
3. 장소: 포천시청 시정회의실
4. 대상: 제9기 실무협의체위원 29명
5. 주요내용: ① 2025년 연차별 시행계획 모니터링 보고
    ② 실무분과사업보고
    ③ 배분심사위원회 일부 개편안
6. 기타 사항: 회의수당 지급

II. 시간계획

시간	소요시간(분)	내용	진행
13:50~14:00	10분	참가자 확인 및 착석	사무국
14:00~14:05	5분	성원확인 및 개회	사무국
14:05~14:10	5분	위원장 인사말	위원장
14:10~14:25	15분	연차별시행계획모니터링	사무국
14:25~14:30	5분	질의응답	위원장
14:30~14:40	10분	분과사업보고	분과장
14:40~14:45	5분	질의응답	위원장
14:45~14:50	5분	배분심사위원회기능개편	사무국
14:50~14:55	5분	질의응답	위원장
14:55~17:00	5분	공지사항 전달 기념촬영·폐회	위원장

국장	지금부터 지역사회보장협의체 2025년 8월 제3회 실무협의체 회의를 시작하겠습니다. 바쁘신 가운데도 이렇게 오늘 회의에 참석해 주신 여러 실무협의체 위원님들께 감사의 말씀을 드립니다. 인사드립니다. 저는 포천시지역사회보장협의체 사무국장 이정식입니다. 국민의례는 생략하겠습니다. 오늘은 2025년 세 번째 실무협의체 회의입니다. 포천시지역사회보장협의체가 포천 지역을 위해 여러 사업을 시행하고 있습니다. 실무분과와 실무협의체 위원님들의 적극적인 참여와 관심을 부탁드립니다. 오늘 회의는 심의 안건 1개와 보고 안건이 두 개가 있습니다. 원활한 회의 진행을 위해 협조 부탁드리며 회의 내용은 기록을 위해 녹음된다는 점 양해 바랍니다. 먼저 위원 변동 사항을 말씀드리겠습니다. 먼저 포천시 노인복지관에 새로 부임하신 조○○ 부장님께서 실무협의체 위원으로 위촉되시겠습니다. 공공 위원 중에서는 희망복지팀 이○○ 팀장께서 새로 부임하셨고, 여성정책팀에 임○○ 팀장께서 부임하셔서 실무협의체 위원으로 참여하게 되었습니다. 환영의 박수 부탁드립니다. 오늘 실무협의체 위원에 위촉되시는 민간 위원에 대한 위촉장 수여가 있겠습니다. 포천시노인복지관 조○○ 부장님은 실무위원장님 앞으로 나와 주시기 바랍니다. 위촉장! 포천시노인복지관 부장 조○○ 귀하를 「사회보장급여법」 제41조 제3항에 의거 포천시 지역사회보장협의체 실무협의체 위원으로 위촉합니다. 2025년 8월 4일 포천시지역사회보장협의체 민간공동위원장 박○○ 대독.
국장	다음은 김○○ 실무위원장님의 인사말씀이 있으시겠습니다.
위원장	인사말
국장	말씀 감사합니다. 성원보고를 해 드리겠습니다. 전체 위원 29명 가운데 ○○명이 참석하시어 성원이 되었음으로 보고드립니다. 이후 회의 순서는 김○○ 실무위원장님께서 주재해 주시겠습니다.

위원장	성원이 되었기에 2025년 제3회 실무협의체 회의 개최를 선언합니다. (의사봉) 그럼 첫 번째 안건으로 보고 안건인 2025년 연차별시행계획 모니터링 결과에 대한 보고를 듣도록 하겠습니다. 사무국장께서는 발표해 주시기 바랍니다.
국장	모니터링 결과 보고
위원장	지금까지 설명들은 모니터링결과에 대해 질문사항 있으신 위원님들 있을까요? 없으시면 다음 안건으로 넘어가겠습니다. 다음 안건도 보고 안건입니다. 실무분과의 하반기 사업보고가 있겠습니다. 분과장님들께서는 설명 부탁드립니다. 호명되시는 분과부터 보고 부탁드립니다.
분과장	가족아동여성 → 고용이주민 → 나눔자원 → 노인 → 문화예술 → 장애인 → 주거환경 → 청소년·청년 → 통합돌봄 순으로 진행
위원장	네 보고 감사합니다. 분과 사업에 대해 질문이 있으신 위원님들 있을까요? 없으시면 마지막 안건인 심의안건으로 넘어가겠습니다. 운영규정에 따라 배분심사위원회의 내용은 우리 실무협의체에서 심의를 하고 있습니다. 오늘은 배분심사위원회 일부개편에 관한 심의를 하겠습니다. 배분심사위원회 개편 안건을 상정합니다. (의사봉) 사무국장께서는 내용을 보고해 주시기 바랍니다.
국장	배분심사위원회 기능개편에 대한 설명
위원장	네 말씀 감사합니다. 지금 들으신 배분심사위원회 기능개편 대해 질문 있으신 위원님들은 말씀해 주시기 바랍니다. 질문이 없으시면 원안대로 심의하겠습니다. 배분심사위원회 기능개편안은 원안대로 심의되었음을 선포합니다. (의사봉) 사무국에서 준비한 공지사항 있으시면 말씀해 주십시오.
국장	공지사항 전달
위원장	오랜 시간 회의하시느라 고생들 많으셨습니다. 그럼 이상으로 2025년 제3회 실무협의체 회의를 모두 마치겠습니다. 폐회를 선언합니다. (의사봉)

대표협의체 회의와 마찬가지로 회의 진행을 원활하게 하도록 사무국장은 다음과 같은 본인이 발언할 내용을 따로 작성해 발표하는 것이 좋다. 회의 내용이 많을 때 아무리 경험이 있는 사무국장이라 해도 내용을 놓칠 수 있기 때문이다. 본인의 발표에 적합한 내용으로 사전에 작성하는 것이 현명한 일일 것이다.

> 첫 번째 보고 안건인 2025년 연차별시행계획 이행점검 모니터링 결과를 말씀드리겠습니다.
>
> 제5기 지역사회보장계획의 2025년 연차별시행계획에 대한 이행점검 모니터링은 지난 7월 22일 포천시청 소회의실에서 있었으며 약 3시간에 걸쳐 진행되었습니다.
>
> 이행점검 모니터링을 하는 이유는 첫 번째, 계획의 실효성을 확보하기 위함입니다. 기존에 수립한 지역사회보장계획이 실제 잘 시행되고 있는지 이행을 점검하고 단순 계획이나 문서상의 계획이 아닌 실제 지역에서 주민들을 위한 사업으로 시행되도록 실행력을 갖게 하자는 의도라 하겠습니다.
>
> 두 번째는 목표달성도를 평가하기 위함입니다. 지역사회보장계획은 사전에 설정된 대표과업과 세부사업의 목표지표와 성과지표에 대한 달성도가 매우 중요한 평가척도입니다. 과연 계획된 사업들이 실제 현장에서 얼마나 목표대로 이행되고 있는지를 점검해 효과적인 사업 시행이 되도록 하자는 의미라 하겠습니다.
>
> 세 번째는 문제점이나 개선사항이 있는 경우 사전에 이를 발견하고, 찾아내서 세부사업의 내용을 수정하거나 목표지표를 재설정하는 등의 사업수정을 해야 하고 이를 통해 보장계획이 실제 우리 지역의 복지수준 향상에 기여하도록 하자는 의미를 담고 있습니다.
>
> 네 번째는 책임성과 정책 신뢰성을 확보하기 위함입니다. 담당 부서가 얼마나 열의를 가지고 사업을 시행하고 있는지 점검을 통해 확인할 수 있으며 그럼으로써 해당 사업의 정책 신뢰성을 확보하는 것을 목표로 하고 있습니다. 지역의 환경 변화와 주민의 욕구 변화에 대해 얼마나 책임 있는 대처를 하고 있는지를 살펴보는 기회가 바로 모니터링이라 할 수 있을 것입니다.
>
> 마지막으로 모니터링을 통해 다음 연도 계획수립에 결과 내용을 반여하자는 의미를 가지고 있습니다. 담당부서의 여러 사정으로 혹 이행이 어려운 사업이 있을 경우 모니터링을 통해 다음해 사업계획에 이를 반영하고 중장기적으로 제6기 지역사회보장계획 수립 시 모니터링의 내용이 들어 갈 수 있도록 하자는 의미라 할 수 있습니다.

이행점검 모니터링은 과제의 이행여부, 목표 이행률, 성과지표 달성도, 예산 집행률, 협업 및 연계 추진체계에 대한 점검, 주민참여, 성과분석 및 문제점 도출 등을 다각적으로 검토해 해당 사업들이 잘 추진될 수 있도록 토대의 역할을 하고 있습니다.

모니터링단은 회의 자료 3페이지를 보시면 나와 있습니다. 공공 위원장은 이○○ 복지정책과 장님이 맡고 계시고 각 부서의 담당팀장들이 위원으로 배치되어 있습니다. 민간 위원장은 김○○ 실무위원장님이 맡고 있으며 분과장과 주민 등 15명으로 구성되어 있습니다. 총 인원은 35명으로 공공이 민간보다 10% 정도 인원 더 많습니다. 이런 구성은 타 지역에서는 보기 드문 구성으로 대부분 민간위원의 구성비율이 더 높지만 우리시는 공공의 참여가 더 활발하다고 볼 수 있습니다.

각 세부사업에 대한 모니터링 내용은 첨부된 자료를 참고해 주시면 되겠습니다.

이번 모니터링을 통해 상반기의 연차별 시행계획이 포천시의 다양한 복지사업으로 잘 시행되고 있는지 점검하는 기회를 가졌습니다. 일부 사업에서 상반기 목표달성률에 미치지 못하는 사업진척을 보인 경우가 있지만 이는 외부 요인이나 지역의 환경 변화 등에 기인한 것으로 보이며 담당 부서에서 그와 같은 지역적 변화에 대해 대부분 명확한 관련성과 변화에 대한 내용을 알고 있었습니다.

따라서 환경 변화에 능동적으로 대처하기 위한 노력을 하고 있으며 세부사업 내용에 대한 수정의견도 다수 있었습니다. 대부분의 사업들은 연말에 가까워질수록 사업의 성과가 보다 명확하게 나타나는 경우가 많아 비록 상반기 진척이 느린 경우라 할지라도 연말에 무난하게 목표지표를 달성할 수 있을 것으로 보입니다.

다만 몇 가지 사업의 경우는 사업 내용의 대폭 수정이 필요한 경우도 있어 향후 모니터링을 통한 해결책 또는 대안을 모색하려고 하고 있습니다. 예를 들면 1-3-2의 장애인가족휴식기 지원 사업과 1-2-5의 다자녀가정 보건기관의료비 본인부담금 면제사업사업, 1-4-3의 사회복지종사자 처우개선 사업, Ⅱ-4-2-1 여성친화도시 조성강화 사업 등은 우리시의 환경과 주민욕구를 판단함에 있어 어느 정도의 오류가 있었음을 인정해야 할 것으로 보입니다.

이상입니다.

심의 안건인 지역사회보장협의체 배분심사위원회 운영 개편에 대해 보고 드리겠습니다.

회의 자료 32페이지입니다.

포천시지역사회보장협의체 운영규정 제25조에는 배분심사위원회의의 역할과 기능에 대해 실무협의체에서 논의하도록 규정하고 있습니다. 따라서 이번에 배분심사위원회에서 제기한 기능 개편에 대해 실무협의체 회의에서 논의한 뒤 대표협의체의 의견을 거쳐 확정하도록 하려고 합니다.

먼저 현 배분심사위원회 위원의 정수가 운영규정 상 8명으로 한정되어 있습니다. 이를 10인 이내로 확대하고자 합니다. 현재 모든 위원이 관내에서 활동하는 위원들로 구성되어 있어 공정성에 대한 이야기가 나올 수도 있다는 판단에 따라 늘어나는 위원은 외부에서 영입해 구성하고자 하는 내용입니다.

두 번째는 배분심사 결과를 분기마다 공동위원장에게 보고하도로 하고 있는 규정을 개정해 연말에 배분심사위원회 활동을 보고회 형식으로 마련하고자 하는 내용입니다. 분기마다 단순 보고를 하는 것이 아니라 배분심사위원회를 하나의 보장협의체 내의 기구로 간주해 보고회를 정식으로 함으로서 배분심사위원회 위상을 제고하고 활동 상황을 공유하며 위원들의 사기 진작 등을 도모하고자 합니다.

본 내용을 의결해 주시면 운영위원회 보고해 대표협의체에서 운영규정 개정을 심의하도록 건의하겠습니다.

오늘의 공지사항을 말씀드리겠습니다.

첫 번째는 시협의체 전체 위원 교육이 9월 3일 오후3시 시청 대회의실에서 있습니다. 이날 교육은 호서대 이○○ 교수님을 초빙해 지역사회보장계획에 관한 이야기를 듣는 시간과 기본적인 위원 역량 강화 내용으로 진행됩니다. 많은 참석을 바랍니다.

두 번째는 읍면동 협의체 위원과 시 협의체 위원이 모두 참여하는 전체 위원 체육대회가 9월 16일 종합운동장에서 오전 10시에 있습니다. 이날 행사는 읍면동 위원과 시 협의체 위원 간의 상호 소통과 협력 증진을 위한 우호의 자리로 여러 프로그램이 있을 예정이고 특히 위원님들을 대상으로 한 골든벨 퀴즈도 있을 예정이니 꼭 참석하셔야 합니다.

다음으로는 읍면동 협의체의 공공간사 즉, 공무원들을 대상으로 한 워크숍이 10월 중 열릴 예정이라는 점을 말씀드립니다. 그리고 연차별시행계획의 모니터링도 있을 예정입니다. 또한 지역사회보장협의체 전국 대회가 10월 중 청주에서 있을 예정입니다. 지난번 경기지역대회 때처럼 위원님들 중 참여하실 수 있는 분들은 함께 해 주시면 감사하겠습니다.

행사가 많습니다. 바쁘시더라도 우리 지역사회보장협의체의 발전을 위해 참여를 부탁드립니다.

실무분과

시·군·구 지역사회보장협의체의 상징적인 존재는 바로 실무분과다. 하지만 대표협의체나 실무협의체와 달리 반드시 있어야 하는 필수 조직은 아니다. 그리고 지역의 사정에 따라 새로운 분과를 만들기도 하고, 기존의 분과는 폐지하기도 하는 유연한 조직이다. 사실 실무분과가 없다면, 지역사회보장협의체에서 심의하고 의결하는 많은 사안은 발의되지 않는다. 연차별 시행계획의 모니터링도 할 수 없고, 지역사회보장계획 수립에 필요한 민간의 의견도 들을 수 없다. 사실상 실무분과는 가장 필수적으로 존재해야 하는 조직이다. 그래서 보건복지부에서도 지역에 맞게 대상별 분과, 기능별 분과, 지역별 분과 등을 구성하도록 권고하고 있다. 여기서 말하는 주제들은 모두 해당 지역의 보장 관련 사업을 효과적으로 성공적으로 시행하기 위한 분류다.

대상별이란 함은 노인, 영유아, 청소년, 장애인 등 사회보장 대상자의 특성과 욕구를 반영해야 한다는 의미다. 기능별 분과는 지역 주민이 필요로 하는 욕구를 반영한 분과로 보건의료, 고용, 주거, 문화, 예술, 환경, 다문화, 교육 등의 분과를 의미한다. 지역별로 주민들의 욕구가 다양하므로 어떤 분과가 필요한지에 대하여는 공공과 민간에서 깊이 있게 논의해야 한다. 지역별 분과는 농어촌이나 산간 지역이면 해당의 주민 욕구 등을 반영할 수 있는 전문분과를 만들어야 한다는 것이다. 때로는 민간보다 공공에서의 요구에 따라 만들어지는 예도 있다. 최근 관심을 끌고 있는 돌봄통합지원법의 경우 내용이 방대하고, 향후 지역사회에 미칠 영향이 클 것으로 예상되기 때문에 공공에서 먼저 관련 분과를 설립하자는 제의가 나왔다. 자살 예방 사업의 실효성을 확보하기 위해 실무분과를 만들자는 의견도 공공에서 나왔다.

시대가 바뀌면서 실무분과의 명칭과 직능에도 변화가 오고 있다. 전통적인 실무분과 개념에서 다양한 주민 욕구를 반영하는 방향으로 진보하고 있다. 예를 들면 과거에는 보기 드물었던 '문화·예술분과', '주거·환경분과', '사회적 경제분과', '체육·여가분과' 등 새로운 개념의 분과들이 등장하고 있다. 실무분과 위원으로 일반 시민이 참여하는 경우도 있지만, 대부분 관련 업무 종사자들이 위원이 된다. 분과 위원의 수는 지역별로 상이한 규정을 가지고 있다. 보통 10여 명 내외로 구성되는데 위원이 많다고 분과가 활성화되는 것은 아니므로 일정 수준의 위원 수를 유지하는 것이 중요하다. 실무분과 위원은 실무협의체나 대표협의체와 달리 임기나 연임에 대한 엄격한 규정을 적용받지 않는다. 그 때문에 실무분과 위원 중에는 20년 가까이 활동하는 사람들도 꽤 있다.

실무분과에는 민관협치와 효과적인 분과 사업을 위해 담당 부서 공무원이 당연직 위원으로 참여하도록 하고 있다. 지역에 따라 주무관이 아닌 팀장이 위원으로 합류하기도 한다. 그런데 어느 지역을 막론하고 공공 위원들의 회의 또는 분과 사업 참여도는 매우 떨어진다. 보건복지부에서는 공공 위원의 참여를 독려하고 있는데 왜 공무원들은 분과회의나 사업에 적극적으로 참여하지 않는 것일까? 개인적인 이유도 있을 수 있지만, 분과마다 1명의 공무원만 공공 위원으로 참여하는 것이 이유가 아닌가 한다. 여러 민간 위원들 사이에서 본인만 홀로 공무원이라는 사실이 부담으로 작용할 수 있고, 민간 위원들이 자신을 감독, 간섭하거나 심지어 비난한다고 느끼는 경우도 있는 것 같다. 공무원이 자신의 업무에 대해 민간인들과 뭔가 의견을 나눈다는 것 자체를 싫어하는 것일 수도 있다. 본인이 하는 업무를 민간 위원들이 구체적으로 알아봐야 도움 될 것이 별로 없을 것이라 생각할 수도 있다. 실무분과 회의와 사업에 적극적으로 참여하는 공공 위원들이 별로 없는 것이 현실이기 때문에 대부분 실무분과 사업은 민간 위원들이 주도적으로 이끌어 간다.

※ 실무분과 구성 예시

대상별							
영유아	아동·청소년	여성	청년	노인(어르신)	장애인	...	...
기능별										
소득보장	보건의료	고용·주거 (자활고용/주거환경)	문화·체육 (문화환경/교육문화)	복지위기가구발굴	지역사회통합돌봄	통합사례관리	자원동원·배분	자살예방	사회적경제	마을	-
지역별							
00동(00권역) 분과	00동(00권역) 분과	00동(00권역) 분과	00동(00권역) 분과	-	-		

실무분과 구성안(보건복지부 2025년 지역사회보장협의체 운영안내)

　이런 실무분과의 파행적인 운영은 지역사회보장협의체의 거버넌스 기능을 축소 또는 위축시킨다. 어떻게 하면 공공 위원들의 실무분과 참여율을 높일 수 있을까? 개인적으로 과거 경기도 복지부서 과장과 대담을 하면서 다음과 같은 제안을 한 적이 있다. 지역사회보장계획 평가지표에 공공 위원들의 실무분과 참여율을 항목으로 넣어줄 것을 검토해 달라고 했다. 공무원들이 참여하지 않는다고 감점을 주는 것이 아니라, 적극적으로 참여하면 가산점을 주라는 것이다. 평가에 민감한 공공 위원들의 특성상 이렇게 할 경우 분과 참여율은 분명 올라갈 것이다. 그리고 공무원들이 필수적으로 이수해야 하는 교육시간을 분과 사업에 참여할 경우 인정해 달라고도 했다. 공무원들은 싫든 좋든 의무적으로 교육을 받아야 하므로 만일 분과 회의나 사업에 참여하는 간단한 일로 교육시간을 대체할 수 있다면 분명 참여하고자 하는 의욕은 높아질 것이다.

　이런 절차적인 방법 외에 공공 위원들 자신도 지역사회보장협의체 참여가 본인이 해야 하는 업무에 도움이 된다는 점을 인지할 필요가 있다. 과거 다문화분과에 참여했던 다문화 팀장이 분과회의에서 본인이 해야 할 다문화 축제를 실무분과 차원에서 지원해 달라는 부탁을 한 적이 있다. 분과 위원들은 그의 요구가 당연하다 생각하고, 적극적으로 다문화 축제에 참여해 활동한 적이 있다. 또한, 사회적 경제 부서의 주무관은 본인이 기획하는 사회적 경제 벼룩장터를 지역사회보장협의체 분과 사업으로 제안해 외부 자원을 공모로 가지고 와서 진행한 적도 있다. 많은 사람이 인지하고 있는 것처럼 공공만으로 외부 공모사업에 참여해 예산을 가지고 오는 경우는 드물지만, 민간과의 컨소시엄으로 공모사업에 참여하면 채택될 확률이 올라간다. 당시 사회적 경제 담당 주무관은 이런 점을 제대로 인지하고 있었다. 이렇듯 지역사회보장협의체를 활용하면 본인 업무의 짐을 덜고, 성공적인 사업 수행을 할 수 있다는 점을 공공 위원들이 알아주면 좋겠다. 이것을 제대로 인지한다면 분명 공공의 참여율은 높아질 것이고, 지역사회보장협의체의 역할과 위상은 제고될 것이다.

다음의 자료는 포천시의 문화예술분과에서 수행하고 있는 관내 예술단체 간담회 사업에 대한 계획안을 소개하는 것이다. 포천시의 경우 분과 사업은 대부분 설문 조사를 통한 정책제안이지만 문화예술분과처럼 관내 예술 관련 단체와의 네트워킹을 통해 활발한 대시민 예술 활동 지원을 하는 때도 있다. 그리고 전체 분과의 사업 내용도 공유하고자 한다.

문화예술분과 예총 산하 예술지부장 간담회

I. 간담회 개최

○ (일시/장소) '25. 2. 25(화) 10:00 ~ 11:00, 신읍동 비브레
○ (참석자) 보장협의체(김○○분과장,), 지부장(사회팀장, 전문위원)
○ (주요내용) 포천관내 예술관련 단체의 발전과 애로 사항에 대한 소통 및 향후방안 논의

II. 주요 논의사항

① 예총 산하 단체들의 예산에 관한 건(예총회장)
   - 예총을 통하지 않고 바로 예산을 받게 되어 이를 관리하는 면에서 각 단체들의 애로 사항이 있음
   - 전체적인 예산 규모는 변동이 없으며 각 단체들은 예산상의 어려움을 겪고 있음
   - 문화관광재단 설립 이후 예총과 산하 단체들의 활동이 더 축소되거나 위축되고 있으며 향후 재단과의 발전적인 방안에 대한 논의가 필요하다고 보임

② 문학지부의 어려움에 대한 의견(문학지부장)
   - 지부의 예산으로 2~3개 정도의 백일장 행사 등을 하고 있음
   - 문학을 통해 생활을 해결하는 회원은 없으며 지부장 본인도 직장 다니고 있음
- 시화전 등을 개최할 만한 공간이 없음

③ 미술지부의 건의사항 (미술지부)
  - 전시공간이 부족한 것이 제일 문제임
  - 철원과 양주의 경우 공공기관에서 미술작품을 매입하는 사례가 있으나 포천시는 전무한 상태임

④ 예술 지부의 현황과 건의(예술지부장)
  - 예술인도 공연으로 생활비를 충당하는 사례는 거의 없음
  - 공연확대를 위한 계획은 있다고 하지만 문화관광 재단 출범 후 인기가수 등을 중심으로 외부 예술인을 집중적으로 출연시켜 관내 예술인들의 사기가 떨어져 있음
  - 실질적인 예술인 지원을 위한 조례 개정이 필요함

⑤ 사진지부의 의견(사진지부장)
  - 타 지역을 보면 유명 관광지에 상설 사진 전시장을 운영하고 있음
  - 사진작가를 활용해 행사나 기념식에 활용하는 방안도 건의함
  - 사진전을 개최할 만한 공간이 없음

⑥ 음악지부 건의사항 (음악지부)
  - 조례나 규정에 관내 음악인을 우대하는 공연이나 출연작품을 론칭할 필요가 있음

⑦ 연극지부 건의사항 (연극지부)
  - 연극무대가 코로나 이후 거의 없는 상황임
  - 외부 공모 사업 등을 진행하고 있지만 코로나 전으로 회복은 요원한 상태임
  - 단기적인 지원보다 중장기적인 지원과 예술인 육성을 위한 정책적 지원 필요함

III. 향후 일정

○ 본 간담회를 정기적으로 개최함
○ 간담회를 통해 공유된 내용이 보장협의체의 정책 제안으로 채택되고 시장님께도 제안이 이루어질 수 있도록 노력함

포천시지역사회보장협의체 실무분과 사업안(2025년)

분과명	사업명	내용 및 결과(계획)
가족·아동·여성 분과	부모교육	어린이집 연합회와 협력해 연 1회 부모 교육 진행
	포천 예스키즈존 인증사업	아이 동반 가족이 편안하게 매장을 이용할 수 있는 분위기 조성을 위해, 아이와 양육자가 환영받는 음식점 및 카페를 선정해 예스키즈존 인증패를 제공하고, 아이 식사도움용품을 지원
	아동권리증진 캠페인	아동 권리 증진을 위한 연중 아동 권리 챌린지 캠페인 진행
	쉼터 필요성 조사	쉼터 필요성 및 설치에 관한 설문조사 진행과 토론회 개최를 통해 정책제안 진행
고용·이주민 분과	중장년 일자리 수행기관 네트워크 간담회	관내 일자리 수행기관 담당자 네트워크를 강화하기 위한 상·하반기 간담회 진행
	외국인 주민 지원방안 정책제안	외국인주민지원센터를 벤치마킹하고, 보고회를 통해 외국인 주민 지원 방안을 제안
	고령화 시대 노인 일자리 포럼	고령화 시대에 맞는 노인일자리의 방향성 논의
나눔·자원 분과	후원금품 관리 매뉴얼 제작	후원금품 관리 매뉴얼을 제작하기 위한 스터디와 관내 유관 기관 간담회를 진행
	지원사업 (방송모금, 연합김장김치추진위원회)	방송모금과 연합김장김치추진위원회를 지원하고, 지역사회에 나눔 문화를 확산
노인분과	공공 재가 노인 복지서비스 발전방안 포럼	재가 노인 공공복지서비스의 만족도를 바탕으로, 급증하는 노인 시설 입소를 지양하고, 질적 향상을 위한 재가 노인 공공복지서비스 발전 방안을 제안
	건강한 노년을 위한 욕구조사	건강한 노년을 보내기 위한 노인 대상 욕구조사 진행 및 보고회

문화·예술 분과	문화·예술 네트워크 차담회	문화·예술단체(예총 산하 8개 단체) 네트워킹 및 사업 공유
장애인 분과	장애인 개인 예산제 스터디	장애인 개인 예산제에 대한 스터디 및 토론을 중심으로 실질적인 지원 모색
	휠체어·유아차 등 경사로 설치 지원사업	지속적인 편의시설 마련 확대를 위해 이용자 욕구조사를 통한 경사로 설치 지원
	유니버셜 디자인 숙박업소 확충 사업	실제 이용자들의 요구를 반영한 실효성 있는 제도개선이 이루어질 수 있도록 관련부서와 협의 및 간담회 등 진행
주거·환경 분과	하천 정화 활동	지역사회와 함께 EM공을 직접 만들고 던지며 시민들이 지역환경에 관심을 가지고 생활 속 실천할 수 있는 기반 마련
	폐의약품 분리배출 활성화 사업	포천시 불용의약품 등 관리의 관한 조례 제정에 따른 폐의약품 분리배출 활성화를 위한 방안 마련
청소년·청년분과	청년 욕구조사	포천시 청년층의 다양한 요구와 문제를 정확하게 파악해, 지역 내 청년들이 겪는 경제적, 사회적, 정서적 어려움을 해결하고, 청년 맞춤형 정책을 개발하기 위해 청년 욕구조사 및 보고회 진행
통합사례 분과	저장강박증 의심가구 지원 방안 정책제안	주거복지센터를 벤치마킹하고, 보고회를 통해 저장강박증 의심가구 지원 방안을 제안

읍면동 보장협의체

2015년 「보장급여법」의 출범과 함께 시·군·구 지역사회보장협의체에는 큰 변화가 생겼다. 바로 읍·면·동에 지역사회보장협의체가 조직되었다는 것이었다. 포천시는 지역 내에 행정조직으로 읍·면·동을 다 가지고 있다. 하지만 동 협의체만 있는 지역도 있고, 읍·면 협의체만 있는 지역도 있다. 「보장급여법」 시행규칙에 있는 규정대로 대부분 지역에서는 2015년을 전후해 보장협의체를 구성했다.

읍면동의 보장협의체 조직은 시·군·구의 조직과 비슷하다. 공공위원장인 읍·면·동장이 있고, 민간 위원 중에 민간위원장을 선출해 공공과 함께 공동위원장을 맡는 방식이다. 읍·면·동 보장협의체의 위원에 관한 규정이 특이한데, 10인 이상으로 조직하라는 규정만 있고, 상한선에 관한 언급이 없다. 따라서 지역별로 10인 내외의 위원만 구성한 곳도 있지만, 40여 명이나 되는 지역도 있다. 포천의 경우 가장 위원이 많은 지역은 38명이나 된다.

2015년 읍·면·동 보장협의체가 발족한 뒤 한동안 기능과 역할에 대한 회의적인 이야기들이 나왔다. 앞서 살펴본 대로 지역 주민인 보장협의체 위원들이 "어떻게 전문가들이 수행해야 할 복지 사각지대 발굴이라는 어려운 사업을 할 수 있겠느냐?" 하는 것이 주된 주제였다. 이 문제는 지금도 해결되지 않고 있다. 보건복지부의 안내에 따르면 읍·면·동 보장협의체의 기능은 4가지다. 복지 사각지대 발굴, 지역의 복지자원 발굴 및 배분, 지역 특화 사업, 지역 보호체계 구축 등이 그것이다. 복지 사각지대를 발굴하고 지역의 자원을 배분하는 것은 하나의 축이라 볼 수 있다. 사각지대를 발굴했으면 당연히 필요한 자원을 배분해 주어야 사각지대 해소가 이루어지기 때문이다. 예를 들어 갑작스럽게 화재를 당해 집과 가재도구를 모두 잃어 갈 곳이 없는 주민이 있다면 당장 머물 장소와 필요한 생필품을 제공해 주는 것이 당연한 일이다. 사고로 부모를 잃어 아이들만 남은 가정이 있다면 긴급하게 아이들을 구호하고 안전하게 있을 만한 거처를 마련해 주어야 한다. 홀로 거주하는 알코올 중독 중년 남자가 제대로 먹지 못해 영양실조에 걸려 있다면 영양가 있는 부식을 제공하고 의료적 처치를 받을 수 있게 도와주어야 한다. 이런 일들은 모두 지역복지 사각지대 발굴과 자원 배분이라는 읍·면·동 보장협의체의 기능으로 해결할 수 있는 것이다. 복지 사각지대를 발굴하는 것만큼이나 지역자원을 발굴하는 것은 어려운 문제다. 읍·면·동 보장협의체 위원들이 평소 누구에게 어떤 자원이 있는지 어떻게 알 수 있을까? 또 자원이 어디에 있는지 안다 해도 그 사람에게 자원을 배분해 달라는 부탁을 쉽게 할 수 있을까?

읍·면·동 보장협의체 위원의 기본교육을 위해 매년 방문할 때마다 강조하는 이야기가 있다. 복지 사각지대 발굴도, 복지자원의 발굴도 모두 보장협의체 위원의 힘만으로는 어려우므로 공공과 협조해 진행해야 한다고 말한다. 어차피 읍면동 보장협의체도 민관이 함께 하는 거버넌스 조직이기 때문에 여타 다른 민간 봉사조직과는 다르다. 민간신분인 보장협의체 위원들만으로 예민한 개인정보를 파악해 복지 사각지대 발굴을 한다는 것도 쉽지 않은 일이다. 또한, 지역의 복지자원도 민간 위원들이 찾아다닌다고 해 쉽게 발굴되지 않는다. 개인정보에 접근이 가능한 공공의 협조를 받고, 지역 사람들에게 영향력을 미칠 수 있는 장과 함께 하는 것이 현명한 일이다. 보건복지부의 운영 설명서에도 복지 사각지대를 발굴한 뒤에 반드시 읍면동 행정복지센터에 신고해 공적인 부조를 받도록 하고 있다. 어쩌면 읍·면·동 보장협의체의 가장 중요한 기능은 사각지대 발굴 후 공적 부조들 받을 수 있도록 도와주는 것이라 할 수 있다. 그래서 늘 보장협의체는 민간조직이 아니라 공조직에 더 가깝다고 강조해 말해 주곤 했다.

한때 읍·면·동 보장협의체 위원들 사이에서는 지역의 다른 단체들에 비해 보장협의체가 신생 조직이기 때문에 위상이 약하다는 볼멘소리가 있다. 지역에서 개최되는 단체장 회의만 봐도 보장협의체 위원장은 말석에 앉아야 한다는 것이다. 지방 소도시에서 지역 단체의 위상은 단체에 소속된 사람들의 사기와 직결되는 예민한 문제다. 사무국 차원에서 이런 불만을 해소하기 위해 많은 노력을 해야 했다. 읍·면·동 장에게 보장협의체의 기능에 대한 소개도 자주 했었다. 보장협의체가 출범한 지 10여 년이 지난 지금 지역에서 읍·면·동 보장협의체의 위상은 전과 달리 많이 올라간 느낌이다. 단체장들 회의에서도 이젠 주민자치위원장이나 이·통장과 어깨를 나란히 할 정도의 위치라는 이야기를 듣곤 한다. 위원들의 자존심 때문이 아니라 앞서 말한 공공과의 거버넌스를 위해서도 보장협의체의 위상은 올라가야 한다. 그래야 진정한 의미에서의 복지 사각지대 발굴과 자원연계를 할 수 있기 때문이다.

지역특화사업이란 지역에서 필요로 하는 특별한 사업을 진행한다는 의미다. 유난히 다문화 가정이 많은 지역이라면 통·번역서비스를 해 주는 사업을 구상할 수 있을 것이다. 젊은 청년들이 많은 지역이라면 청년가정에 맞는 서비스를 구상하는 것이 좋을 것이다. 지역특화사업의 다른 명칭은 '마을 복지계획'이었다. 특화사업과 '마을 복지계획'이 동일한 것은 아니지만, 몇 년 전만 해도 행정안전부의 주관으로 읍·면·동 보장협의체에서 '마을 복지계획'을 수립해 시행하는 것을 정책으로 추진했다. 당시엔 보장협의체 사무국의 가장 중요한 업무 중의 하나가 에서 '마을 복지계획'을 제대로 수립할 수 있도록 지원하는 것이었다. 하지만 2023년 행정안전부의 '마을 복지계획'은 일몰되었다. 갑자기 대안도 없이 사업이 사라진 것이다. 왜 그런 것인지 이유는 알 수 없지만, 보장협의체도 사무국도 황당하기는 마찬가지였다.

그래서 대안으로 택한 것이 지역의 특화사업을 '마을 복지계획'처럼 운용한다는 것이었다. '마을 복지계획'은 지역사회보장계획처럼 한 해에만 사는 사업이 아니라 2~3년에 걸쳐 시행하는 중장기계획이었다. 주민 욕구 조사도 지역사회보장계획처럼 계획수립 이전에 진행해야 했고, '마을 복지계획' 수립을 위한 T/F 구성이나 공청회 개최 등의 요건도 비슷했다. 문제는 '지자체 차원에서도 수립하기가 쉽지 않은 중장기계획을 읍·면·동 단위의 행정구역에서 자체적으로 할 수 있느냐?'였다. 인구가 많고, 자원이 풍부한 지역에서는 어렵지 않겠지만, 지방 소도시에서는 매우 어려운 과제다. 더 큰 문제는 계획수립이나 사업 진행에 예산지원이 거의 되지 않는다는 점이다. 읍·면·동 보장협의체 위원들은 사무국에서 실시하는 교육 때면 수시로 예산을 지원해달라고 한다. 그러나 읍·면·동 보장협의체 사업을 위한 예산지원은 매우 적다. 지자체의 예산지원도 없이 읍·면·동이 알아서 사업을 하라는 의미일까?

사실 보건복지부의 운영 매뉴얼에 보면 지역의 특화사업은 수립해 시행할 때 대표협의체의 심의를 받도록 하고 있다. 포천시도 그렇게 하고 있다. 시에서 예산은 지원하지 않지만, 심의라는 수단을 통해 간섭하고 있는 셈이다. 지역 특화사업을 대표협의체 회의에서 심의한다는 규정은 잘 알려지지 않았다. 지자체에서는 보장협의체를 위한 예산을 세워 사업을 진행하도록 돕는 것이 맞다. 만일 그렇지 않다면 굳이 대표협의체의 심의를 받도록 하는 이유는 무엇일까? 물론 시 협의체와 읍·면·동 협의체의 연계와 협력, 소통을 위해 의결기구인 대표협의체에서 특화사업을 심의하고 의결하는 것은 좋은 일이다. 하지만 사업의 실행력을 확보한다는 차원에서 보면 예산지원 없는 심의는 뭔가 부족해 보인다. 만일 대표협의체 심의에서 읍·면·동의 특화사업에 문제가 있다고 판단해 하지 말 것을 권고하는 의결이 이루어졌다면, 과연 읍·면·동 보장협의체에서 그런 대표협의의 결정을 받아들일까? 예산도 주지 않으면서 딴지를 거는 느낌이 들지는 않을까? 계속 드는 의문이 아닐 수 없다. 진정으로 사업을 지원하려는 것이라면 대표협의체 회의에서 예산을 포함한 여러 지원책이 의결될 수 있어야 한다. 그리고 그런 권한과 능력이 대표협의체 회의에 주어야 할 것이다. 민간 공동위원장이 주재하는 대표협의체에서 의결한 사안이라면 지자체장의 의사 결정처럼 권위 있는 것으로 받아들여져야 할 것이다. 어쩌면 이것이 지역사회보장협의체 활성화에 핵심적인 요소 중 하나가 아닐까 한다.

지역의 보호 체계구축 핵심은 보장협의체 단독이 아닌 다른 여타 기관, 단체 등과 협력적으로 필요한 체계를 구축한다는 의미다. 과거 읍·면·동 한 지역에서 우범지대를 없애기 위한 사업을 해야 한다는 보장협의체 위원들의 의결이 있었다. 그러기 위해서 가로등을 보강하고, LED 전등을 교체해야 한다는 의견이 있었다. 또한, 방범초소가 새로 만들어져야 한다는 의견도 있었다. 지역에 필요한 보호 체계인 것은 맞지만, 이런 일을 보장협의체 단독으로 진행한다는 것은 어려운 일이다. 주민자치위원회와 이·통장, 새마을부녀회와 의용소방대, 자율방범대와 청소년지도위원회 등이 참여하는 범 단체 사업으로 진행해야 할 수 있는 일이다. 지역의 보호 체계구축을 위해서 이런 단체들이 보장협의체와 협력할 수 있어야 한다. 하지만 현실적으로는 쉽지 않은 일이다. 문제는 중앙정부의 공감대이다. 읍·면·동 보장협의체가 지역의 보호 체계를 구축할 수 있도록 다양한 지역의 단체와 기관들이 협력하도록 유도해 주는 것이 중요하다. 주민자치위원회는 행정안전부의 소관이고, 보장협의체는 보건복지부의 소관이니 서로 다른 뿌리를 가지고 있다. 하지만 효과적인 사업시행을 위해 중앙부처의 적절한 조정과 조율이 있어야 할 것이다. 중앙정부에서 의지를 가지고 보장협의체와 여타 단체, 기관들이 협력할 수 있는 제도를 만들어 주는 것이 중요하다. 지역의 단체나 기관들이 서로를 인정하고, 협력하며, 상호 존중하는 분위기가 되도록 법률 또는 규정으로 가이드 라인을 만들어 줄 필요가 있다.

지역의 우범지대를 없애기 위한 아이디어는 우여곡절 끝에 가로등을 교체하고 CCTV를 설치하는 등의 긍정적인 결과를 끌어냈다. 이런 경우 사업을 하기 전과 시행한 다음 주민들이 느끼는 편익에 대한 부분을 평가하는 것도 매우 중요한 일이다. 이 문제는 다음에 설명할 지역사회보장계획의 핵심이 되는 내용이기도 하다.

개인적으로 읍·면·동 보장협의체 활성화를 위한 연합사업을 기획해 진행한 경험이 있다. 연합사업을 기획한 이유는 간단했다. 2020년 당시만 해도 읍·면·동 보장협의체가 발족한 뒤 5년이 지났지만, 이렇다 할 발전방안을 찾기 어려웠기 때문이다. 읍·면·동 보장협의체는 자기 지역에서만 사업을 하기 때문에 다른 지역의 보장협의체 위원들과의 교류는 거의 없었고, 연계사업도 없었다. 지역별로 분절되어 활동하고 있었다. 단합된 모습도 없었다. 그래서 연합행사를 통해 상호 연계와 협력, 소통과 유기적인 관계성 등을 모색하고자 한 것이다.

연합행사의 시작은 읍면동 연합 바자회였다. 지역별로 매년 바자회를 개최하고 있었기에 한 장소에 모여 이 함께 기부받은 물건을 판매한다면 더 효과가 좋으리라 생각했다. 연합 바자회를 통해 모아진 기금으로 연합 김장 행사도 했다. 성공적이었다. 연합행사를 하기 위해 연합회장과 연합 부회장, 총무까지 선임해 읍면동 보장협의체 연합회라는 조직을 출범시켰다. 세부 운영세칙도 만들었다. 이듬해에는 한여름에 읍면동 위원들이 직접 닭을 삶아 배분하는 연합 삼계탕 나눔 행사도 시행했다. 당시 배분한 닭의 수는 2,000마리 가까이 되었다. 무더운 여름 헌신적으로 참여한 위원들 덕분에 성공적으로 시행한 대단한 행사였고, 지역의 주민들도 긍정적으로 평가했다.

그런데 연합행사를 한 지 3년이 지나자 문제가 발생하기 시작했다. 연합행사에 이탈하는 지역이 나왔고, 예산지원 문제 등으로 사무국과 연합회의 의견 차이가 나타났다. 성공적으로 연합행사를 하게 되자 읍·면·동 보장협의체 연합회가 단독으로 시행하는 행사라는 생각이 자리 잡았다. 분명 읍·면·동 보장협의체도 시 협의체의 산하 조직인데 말이다. 대표협의체 민간 공동위원장과 연합회장은 비슷한 격을 가지는 것 아니냐는 의견까지 나왔다. 물론 지역사회보장협의체 조직은 상·하 관계가 아닌 수평적인 관계이다. 대표협의체가 읍면동 보장협의체의 상위 기관으로서 명령을 하는 조직은 아니다. 하지만 지역사회보장협의체 기관 고유증에는 분명 민간 공동위원장이 대표자로 명기되어 있고, 사무국 결재체계에서 최상위에는 민간 공동위원장이 있다. 직능과 권한으로 본다면 민간 공동위원장의 결재가 있어야 읍·면·동의 연합행사도 시행할 수 있다. 연합사업을 할 때 부족한 사업예산을 채우기 위해 사회복지공동모금회의 지정기탁금 받아서 진행하기도 했는데, 이런 일련의 업무는 민간 공동위원장의 이름으로 공문과 계획서, 집행결과서 등이 나가야 가능한 일이다. 즉 민간 공동위원장이 사업의 시작점인 것이다.

하지만 현장에서 이와 같은 직능의 차이는 종종 무시되곤 했다. 연합행사에서 민간 공동위원장이 소외되는 사태도 발생했다. 사무국의 조언과 지원도 소용없었다. 오히려 사무국마저 연합행사에서 배제되는 상황까지 이어졌다. 개인적으로 그때 깨달았다. 읍·면·동 보장협의체의 연합회를 구성하는 것이 과연 지역사회보장협의체 전체 발전에 도움이 되는 것일까? 사무국의 역할은 무엇일까? 지방 소도시에서 위원장이란 직함이 주는 공명심이 얼마나 위험한 결과를 초래하는가? 사실 지역사회보장협의체는 위원장이란 직함을 사용하는 사람만 수십 명이나 된다. 아닌 말로 여기도 저기도 모두 위원장이란 말도 있다. 위원장이라는 직함에 대해 지역에서는 감투라고 느끼는 감정이 있는 것도 사실이다. 연합행사를 처음 기획할 때 이런 위원장, 회장이라는 감투에 대한 공명심이 무척 위험할 수도 있다는 사실을 간과했다. 위원장이라고 같은 위원장이 아닌데 여러 사람이 위원장이라는 직함을 갖다 보니 정말 다 같은 위원장이라 생각하는 것 같았다. 이와 같은 문제는 어느 지역에서나 발생할 수 있다. 사무국 직원들은 특별히 경계해야 하는 내용이다.

그렇다고 읍·면·동 보장협의체 연합회를 구성한 것이 무조건 잘못이란 의미는 아니다. 잘 운영한다면 연합회는 분명 긍정적인 시너지 효과를 낼 수 있고, 더 큰 일을 해낼 수 있는 원동력이 된다. 하지만 이런 '운용의 묘'를 살리는 일은 사무국 혼자 힘으로 어렵다. 읍·면·동장을 비롯한 복지 관련 공공 부서의 협력이 필요하다. 그리고 지속적인 교육과 컨설팅 긴밀한 협력 관계가 필수이다. 연합회 운영세칙에는 임원 임기에 대한 부분도 있었다. 하지만 큰 의미가 없었다. 실제 포천시는 조례에도 읍·면·동 보장협의체 위원장의 연임제한 규정을 두었지만, 경과 규정을 만들지 않아 언제부터 적용하는가에 대한 의견이 분분했다. 지역별로 임기 연장에 대한 부분을 다르게 적용하고 있다. 규정과 규칙만으로는 이런 문제들을 근본적으로 해결할 수 없다. 사실 무엇이 옳은 해법인지 아직도 잘 모르겠다.

읍·면·동 보장협의체 위원 위촉과 관련된 질문을 많이 받는다. 가장 많은 내용은 그 지역에 살지 않는 사람도 위원이 될 수 있느냐는 것이다. 보건복지부의 운영 매뉴얼 상으로 가능하다. 주소지보다는 해당 지역에서 활동하고 있느냐의 여부가 더 중요하다. 주소지만 있고 직장은 다른 지역에 있으면서 활동도 하지 않는다면 위원이 되기에 적합하다 보기 어렵다. 위원 해촉 문제도 예민한 것인데 읍·면·동에서 스스로 해결하기 어렵다는 의견이 있어 해촉 문제를 대표협의체에서 심의하려는 시도도 있었다. 하지만 역시 읍·면·동 보장협의체의 구성은 읍·면·동의 문제다. 규정상으로 읍·면·동의 위원은 읍·면·동장이 추천하고 지자체장이 위촉하는 구조로 결국 읍·면·동장이 위원의 위촉과 해촉의 중심이라 봐야 한다. 포천시 경우 읍·면·동 보장협의체의 운영세칙 표준안을 마련해 배포했고, 표준안을 바탕으로 지역에 맞게 변형해 사용하고 있다. 자세한 내용은 각 지역에서 논의하고 정해 실행하는 것이 맞을 것이다.

읍·면·동 보장협의체의 활성화를 위한 필수적인 요소가 하나 더 있다. 그것은 바로 자체 예산, 즉 기금을 조성해야 한다는 것이다. 이것이 무슨 의미인가 하면 보장협의체가 고유증을 만들고, 통장을 개설한 뒤에 사회복지공동모금회 같이 기금조성이 가능한 기관과 협력해 기금을 조성하라는 의미다. 가장 많이 사용하는 방법은 CMS(자동이체) 방식이다. 관내의 복지 자원이라 할 수 있는 후원자들을 모집하고, 이들을 통해 매월 후원금을 모금하는 것이다.

포천시의 경우 기금조성을 잘하는 지역의 경우 자체 기금의 규모는 거의 1억 원 가까이 된다. 물론 말이 쉽지 기금을 만드는 것은 매우 힘든 일이다. 경기가 어렵다는 작금의 상황에서 주민들로부터 매월 금전적인 후원을 받는다는 것은 참으로 어려운 일이다. 그래서 가능하다면 보장협의체만으로 하기보다는 읍·면·동장의 협조를 받아 기금을 조성하는 것이 좋다. 하지만 문제가 있다. 읍·면·동장의 도움을 받아 기금을 조성하게 되면 지역의 다른 단체들도 기금을 조성하고자 비슷한 요구를 할 수 있다. 될 수 있는 대로 다른 단체나 기관과 마찰이 일어나지 않도록 해야 하는데 지역에 맞는 절충점을 찾는 것이 좋다. 읍·면·동 전체의 이름으로 기금을 조성하고 단체별로 나누어 예산을 사용하는 방법도 있고, 읍·면·동 보장협의체의 기금으로 다른 단체와 연합해 행사를 진행하는 방법도 있다. 지역에 맞는 방법을 찾는 지혜가 필요하다.

이렇게 모여진 기금은 훌륭한 지역의 자원 역할을 하게 된다. 별도의 사업 예산이 없는 읍·면·동 보장협의체 입장에서는 긴급구호부터 정례적인 사업까지 시행할 수 있는 능력을 기금을 통해 갖추게 된다. 물론 기금을 전용하거나 잘못 사용하는 경우를 특히 경계해야 한다. 기금조성은 꼭 사회복지공동모금회를 통해서만 할 필요는 없다. 복지관이나 사회복지협의회 또는 사회복지법인이나 비영리법인 등 모금과 기부영수증 발행이 가능한 곳이면 어디든 관계없다. 지방 소도시의 경우 이런 지역 내 복지 인프라가 부족하므로 고민하지 말고 그냥 사회복지공동모금회를 이용하는 것도 현명한 방법이다.

다만 기금이 조성된 뒤 의례적으로 하던 사업을 반복적으로 하는 중복사업을 하지 않도록 신경을 써야 한다. 여름나기 사업을 하면서 늘 선풍기만 사서 배분한다면 대상자의 집에는 쓰지도 않는 서너 대의 선풍기가 쌓여 있을 수 있다. 겨울나기 사업을 한다면서 전기장판만 계속 배분한다면 이 역시 마찬가지일 것이다. 따라서 복지사업도 창의적인 아이디어가 필요한 것이다. 어떤 물품 또는 서비스를 제공해야 대상자들이 만족할까를 늘 고민해야 한다. 그런 의미에서 본다면 읍·면·동 보장협의체의 간사역을 맡은 공공위원, 즉 공무원의 역할이 매우 크다. 생업이 있는 위원들보다는 공무원인 간사가 지역 주민들의 욕구에 대해 더 예민하게 반응할 수 있고, 사회복지업무를 오랜 기간 수행하면서 쌓인 노하우도 있을 것이기 때문이다. 결국, 읍·면·동 보장협의체 역시 거버넌스인 민관의 협치가 잘 이루어질 때 성공적인 지역복지사업의 전달 체계가 될 수 있는 것이다.

다음의 문서는 포천시 읍면동 보장협의체에서 실시하고 있는 특화사업의 예시이다. 포천시에는 14개의 읍면동이 있다. 그중 한 지역의 사업 내역을 공유하고자 한다. 포천시는 대표협의체 회의에서 지역별 특화사업을 심의하고 있다.

2025년 신북면지역사회보장협의체 지역특화사업

지 역 명	신북면지역사회보장협의체	고유번호 (고유증번호)	615-82-89481		
사 업 명	온(溫) 동네, 건강 한 스푼				
사업 기본 정보	사업 연차	①1년차　②2년차　③3년차　v ④기타(2025년 신규)			
	대상 인원	60	사업참여 위원	6명	
	사업 기간	2025년 4월 1일 ~ 2025년 12월 31일 (총 9개월)			

사업구분		사업을 통해 추구하고자 하는 목표사항		
■	돌봄·생활지원	■ 방문·상담　□ 영양 및 급식지원		
□	아동·청소년지원	□ 교육 및 자립역량 강화　□ 상담 및 돌봄　□ 장학금 지원		
■	노인지원	■ 방문 모니터링　□ 영양 공급　□ 여행 및 동행 □ 말벗/생활지원　□ 이동지원		
□	경제적 취약계층 지원	□ 금전지원　□ 선물꾸러미 등 물품지원		
□	다문화·외국인지원	□ 생활지원(통역, 동행 등)　□ 행정지원(서류지원 등)		
□	지역공동체활성화	□ 사회적 배제 감소와 불평등 완화　□ 지역활성화지원		
□	기타	□ 성평등　□ 지속가능한 지역사회 인프라 구축　□ 사회적 약자의 권리증진　□ 장애인지원		

성과목표	신북면 의료접근성이 낮은 지역주민들에게 보건·복지서비스를 제공해 건강·복지 욕구에 적극적으로 대응하고 돌봄이 필요한 어르신 등을 발굴해 통합돌봄서비스를 제공하기 위함.		
세부 사업 내용	세부 사업명	주요 내용	
	온(溫) 동네, 건강 한 스푼	보건진료소장, 지역사회보장협의체 의원, 간호직·사회복지 공무원이 함께 해당 경로당에서 보건교육 및 맞춤형 건강관리서비스 제공 ※ 민·관 협업 건강복지 특화사업	
사 업 비	총 사업비	8,200,000원(비예산, 후원금)	
담 당 자	성명	김○○	직위(협의체)
	직위		주무관

우리 지역의 특화사업을 상기와 같이 시행합니다.

사업계획서

1. 사업명

삼정리, 갈월리, 금동리, 덕둔리 어르신 대상 찾아가는 보건·복지 서비스
(온(溫) 동네, 건강 한 스푼)

2. 사업 필요성

- 삼정리, 갈월리, 금동리, 덕둔리는 다른 지역에 비해 의료접근성이 낮은 지역으로서 보건진료소장, 지역사회보장협의체 위원, 간호직, 사회복지 공무원이 함께 해당 지역 경로당에 방문해 지역주민들에게 보건·복지서비스를 제공해 건강·복지 욕구에 적극적으로 대응하고 돌봄이 필요한 어르신 등을 발굴해 통합돌봄서비스를 제공하고자 함.

3. 사업 내용 및 추진방법

1) 사업 참여자 및 인원

- 지원대상
  - 의료접근성이 낮은 지역(삼정리, 갈월리, 금동리, 덕둔리)에 거주하고 있는 건강 취약계층 및 마을 어르신
  - 그 외 신북면지역사회보장협의체를 통해 발굴된 복지사각대상자
- 각 회당 20명(총 60명)

2) 사업내용 및 방법

세부 사업명	활동 내용(수행방법)	산출 목표
온(溫) 동네, 건강 한 스푼	• 시행 방법 보건진료소장, 지역사회보장협의체 위원, 간호직·사회복지 공무원이 함께 해당 경로당에서 보건교육 및 맞춤형 건강관리 서비스 제공 기초 건강상태(혈압, 혈당 등) 사정 후 투약관리 및 건강상담 제공 치매 선별검사 및 노인 우울증 체크리스트를 활용한 정신건강 상담 진행 필요시 지역사회 유관기관(포천시 보건소, 포천시정신건강복지센터, 포천시 치매안심센터, 포천의료원 등) 자원 연계 필요시 대상자 욕구 조사해 1:1 맞춤형 복지서비스 및 의료기기 지원 집중관리가 필요한 대상자는 사후 모니터링 등 지속적인 관리 • 시행 시기 2025. 6. ~ 12. • 참여인원 및 횟수 각 회당 20명 내외 / 3회 추진 예정	목표인원의 60% 이상 참석

3) 사업 진행 일정

주요 내용 \ 기간	1월	2월	3월	4월	5월	6월	7월	8월	9월	10월	11월	12월
온(溫) 동네, 건강 한 스푼						■		■		■		

4. 예산편성

(단위: 원)

목	세목	세세목	계	산출근거	예산조달 방법
	총계		8,200,000		
사업비			6,000,000	건강 돌봄애(愛) 꾸러미 구입: 100천 원 x 60세트	후원금
			2,000,000	맞춤형 의료기기 구입: 200천 원 x 10가구	
			200,000	현수막 등 제작비	
	소계		8,200,000		

5. 사업 후 기대효과

1) 사업 수행으로 인한 기대 효과

- 의료접근성이 낮은 지역주민의 건강욕구에 대한 통합적 서비스 제공
- 건강관리 서비스를 통해 지역주민의 건강 수준 및 삶의 질 향상
- 취약계층 제보·접수 창구역할을 통해 사각지대 발굴 및 해소
- 건강취약계층의 사회 안전망 구축 및 민·관이 함께하는 지역사회 돌봄 협력 체계 활성화

2) 사업 결과의 활용 계획

- 사업 이후 집중관리가 필요한 대상자는 사후 모니터링 등 지속적인 관리
- 필요시 대상자 욕구 조사해 1:1 맞춤형 복지서비스 및 의료기기 지원

다음의 문서는 읍면동 보장협의체 운영에 필요한 세칙의 표준안이다. 지역에서는 상황에 맞게 변형해 사용하고 있다. 참고적으로 공유하고자 한다.

읍면동 지역사회보장협의체 운영세칙 표준(안)

제1조(목적) 이 운영세칙은 「포천시지역사회보장협의체 구성 및 운영 조례」(이하 "조례"라 한다) 제5조에서 위임된 사항과 그 시행에 관해 필요한 사항을 규정함을 목적으로 한다.

제2조(적용범위) 읍면동 지역사회보장협의체(이하"읍면동협의체")활성화 및 원활한 운영을 위해 다른 법령에 특별한 규정이 있을 경우를 제외하고는 이 규칙이 정하는 바에 따른다.

제3조(기능) 읍면동협의체는 복지사각지대에 있는 위기가구 등을 상시 발굴하고 지원하는 민·관 협력 체계를 구축해 복지서비스를 필요로 하는 자에 대해 원활한 서비스를 연계·지원하기 위해 다음 각 호의 업무를 지원한다.
① 관할 지역 내의 사회보장 대상자 발굴
② 사회보장 자원 발굴 및 연계
③ 그밖에 관할 지역주민의 사회 보장 증진을 위해 필요한 사항

제4조(구성 등)
① 읍면동협의체 위원은 동장의 추천에 의해 시장이 위촉하며 위원장을 포함해 10명 이상으로 구성한다.
② 읍면동협의체의 위원장은 공공위원장을 읍면동장이, 민간위원장을 민간 위원 중에서 호선해 공동위원장 체제로 운영하는 것을 기본으로 하되, 읍면동 별 자율적으로 임원 구성을 할 수 있다.
③ 부위원장은 민간 위원 중에서 호선해 1인을 둔다.
④ 공동위원장 2인과 부위원장, 간사 등으로 구성되는 임원회의를 둔다.
⑤ 읍면동장은 위촉 위원 추천 시, 「양성평등기본법」 제21조 제2항에 따라 위원 성비를 고려해야 하며 제3조의 기능에 적합한 자로써 지역사

회의 주민서비스 자원을 제공하거나 발굴·연계가 가능한 자와 지역사회 문제 해결에 자발적·실천적 의지가 있는 개인 또는 기관 관계자, 주민지원서비스 제공을 위한 물적, 인적 자원을 보유한 기관(종계, 복지시설, 의료기관 등) 및 개인, 단체로 한다.

⑥ 운영의 효율화를 위해 읍면동협의체 위원을 발굴·조사반과 나눔·지원반으로 나누고 업무를 분담해 운영 할 수 있다.

⑦ 기타 읍면동협의체 운영에 필요한 자문·조언의 역할을 할 수 있는 자문위원을 구성할 수 있으며 임기는 위원과 같고 자문 위원의 수는3인 이내로 한다.

제5조(임기)

① 위촉 위원의 임기는 2년으로, 연임(2년마다 재위촉)할 수 있으며 동장과 사회보장에 관한 업무를 담당하는 공무원 등은 읍면동협의체 당연직 위원으로 그 임기를 재직 기간으로 한다.

② 읍면동협의체 위원은 최초 위촉일로부터 매 2년마다 기수를 지정해 위촉하며, 중도 신규 위원 위촉의 경우 현기수의 남은 기간을 임기로 해 위촉하고, 차기 기수에 재위촉 할 수 있다.

③ 읍면동장은 위원이 질병, 품위손상, 그 밖의 사유로 업무를 수행하기 어렵다고 판단될 때에는 임원회의 심의를 거쳐 해촉 할 수 있다.

제6조(직무)

① 공동위원장은 읍면동협의체를 대표하고 읍면동협의체의 회의소집 등 업무를 총괄하며, 포천시지역사회보장협의체(이하"시협의체"라 한다)에 전문가 컨설팅 및 교육을 요청 할 수 있다.

② 민간위원장은 읍면동협의체 회의를 주재하며 주민들의 의사수렴을 통한 지역의제를 발굴하고, 공공위원장은 동 협의체 위원 위촉, 해촉 건의 및 위원 결속력 강화 등 조직운영에 필요한 행정적 지원을 한다.

③ 읍면동협의체 위원은 민간자원 활용을 통해 지역복지 문제를 신속히 해결하기 위해 다음과 같은 직무를 수행한다.
  1. 복지 사각지대 해소를 위한 읍면동 단위 취약 계층 발굴
  2. 지역사회복지자원 발굴 및 자원 연계와 지역사회복지자원의 활용 체계구축
  3. 취약 가구 동향파악 및 모니터링 지원
  4. 그 밖의 관할 지역 주민의 복지증진을 위해 필요한 사항의 처리

제7조(간사) 간사는 읍면동협의체의 사무를 처리하기 위해 두되, 간사는 읍면동 행정복지센터의 맞춤형복지팀장이나, 읍면동 주민센터의 총괄팀장으로 하며, 회의에 참석해 회의안건 및 현황을 보고하고 읍면동협의체의 회의록을 기록·작성하는 등 읍면동협의체 행정사무를 처리한다.

제8조(위원의 해촉) 공동위원장은 지역사회보장협의체 구성 및 운영조례 제7조 규정에 따라 위원의 해촉 사유가 발생할 경우에는 해당 위원을 해촉하기 위해 임원회의에 보고해야 한다.

제9조(회의 및 의사)
① 정기회는 월1회 개최하며 임시회는 위원장이 필요하다고 인정할 때 또는 재적 위원 3분의 1 이상의 요구가 있을 때 개최한다.
② 정기회나 임의회의는 재적위원 과반수 출석으로 개최하고 출석위원 과반수 찬성으로 의결한다.
③ 복지사각지대 사례발굴회의는 즉시성을 요하는 사안으로 문제 해결을 위해 관련 위원으로 구성해 회의를 개최할 수 있고 이와 관련한 서비스 제공방안을 모색한다.

제10조(회의록)

① 협의체는 다음 각 호의 사항이 포함된 회의록을 기록·작성해야한다.

    1. 회의 개최 일시 및 장소

    2. 출석위원명단

    3. 회의 내용 또는 상정안건

    4. 회의결과

    5. 기타 위원장이 필요하다고 인정하는 사항

② 위원장은 협의체에서 논의·결정된 사항을 회의록에 기록해 다음 회의 개최 시 위원들에게 그 결과를 알려 주어야 한다.

제11조 (비밀준수) 협의체 위원은 협의체 업무추진과정에서 알게 된 개인정보 등 개인의 사생활과 관련된 정보를 업무 이외의 목적으로 사용해서는 안 된다.

제12조(의견의 청취) 협의체 위원장은 필요하다고 인정하는 경우 전문가 또는 관계인 등을 출석시켜 의견을 들을 수 있으며, 자료의 제출 및 그 밖의 필요한 협력을 요청할 수 있다.

제13조(기타) 운영세칙에 규정한 것 외에 협의체 운영 등에 필요한 사항은 협의체 의결을 거쳐 읍면동장이 정한다.

부칙

제1조(시행일) 본 운영세칙은 정기회에서 가결한 날부터 시행한다.

다음은 연합바자회에서 사용한 티켓과 현수막의 이미지다.

운영위원회

지역사회보장협의체에서 운영위원회는 필수 기관이 아니다. 「사회복지사업법」상의 시설이나 기관들은 의무적으로 구성해 분기마다 회의를 해야 하지만, 지역사회보장협의체의 경우는 직접 사업을 하지 않고, 「사회복지사업법」상의 기관이 아니므로 필수적으로 구성해야 하는 조직은 아니다. 지역에 따라 있는 곳도 있고, 없는 곳도 있다. 포천시의 경우는 운영위원회를 구성해 운영하고 있다. 그리고 운영위원회가 인사위원회 기능을 겸하고 있어 사무국 직원들의 임면에 관해 심의·의결하고 있다.

포천시 지역사회보장협의체 운영위원회의 구성은 모두 5인이다. 민간 공동위원장, 대표협의체 부위원장, 실무위원장, 복지정책과장 그리고 사무국의 국장이다. 처음 운영위원회를 조직할 때는 구성이 조금 달랐다. 사무국장 대신 대표협의체 위원 가운데 한 명을 선임해 위원으로 위촉했고, 복지정책과장 대신 복지 관련 국장을 운영위원으로 구성했다. 하지만 실제 업무를 처리하는 과정에서 지금의 구성이 더 합리적이라는 인식 때문에 현재의 인원으로 변경한 것이다.

「사회복지사업법」상의 운영위원회는 아니지만, 보장협의체의 운영위원회도 예산에 관한 사항을 의제로 삼아 심의한다. 사실 운영위원회에서 예산 심의를 하지 않을 경우, 사무국이 단독으로 예산을 세우고 신청하는 것이 되기 때문에 합리적으로 생각해 보면 운영위원회의 심의 기능이 있어야 한다. 또한, 관내 사회복지법인의 외부추천이사 후보자의 적격 여부도 심의한다. 1년에 한두 번 정도 외부추천이사 후보자들을 공고를 통해 모집하게 되는데 이들에 대한 적격 여부를 운영위원회를 통해 심의하는 것이다.

또 한 가지 중요한 기능으로는 지역사회보장협의체 운영규정을 개정하고

자 할 때 운영위원회에서 사전 논의를 진행한다는 것이다. 운영규정은 지원조례보다 하위의 개념이기 때문에 조례를 개정하면 반드시 운영규정도 개정해야 한다. 포천시의 경우 조례와 함께 시행규칙도 제정했다. 운영규정은 시행규칙보다도 하위의 규정이기 때문에 시행규칙만 개정해도 운영규정을 개정해야 했다. 운영규정이나 시행규칙, 조례는 모두 지역사회보장협의체의 구성과 운영에 관한 사항들을 정한 것이다. 사무국에 관한 규정도 있고, 사무처리에 관한 규정도 있다. 따라서 수시로 개정을 하게 되는데 그럴 때마다 대표협의체를 소집할 수는 없기에 운영위원회에서 심의하도록 권한을 위임받은 것이다. 물론 대표협의체에서 심의 내용에 대한 의결은 추후 따로 진행한다.

연말에는 이듬해의 지역사회보장협의체 사업운영계획에 대한 심의도 진행한다. 운영위원회의 의결 정족수는 과반수 참석에 참석자 과반수로 하지만 운영규정개정과 같은 중요한 사안에 관해서는 일반 정족수보다 깊이 있는 논의를 통한 전원 합의 형식으로 의결한다.

운영위원회에 사무국장이 위원으로 참석한다는 것은 사무국 직원들의 의견도 반영하겠다는 의미가 담긴 것이다. 사무국 직원들이 대표협의체나 실무협의체의 의견에 일방적으로 순응하기만 하는 것이 아니라 나름의 의견 개진도 할 수 있는 언로를 열어 놓은 것이라 보면 된다. 사무국 직원들은 지역사회보장협의체에서 유일하게 의결권이 없는 사람들이기 때문에 이런 의견 개진 창구는 필요하다고 본다.

배분심사위원회

다른 지역에는 없는 독특한 조직이 포천시 지역사회보장협의체 내에 있다. 바로 배분심사위원회이다. 별도의 기금이 없는 지역사회보장협의체에 왜 배분심사위원회가 존재할까? 배분심사위원회가 생기게 된 배경에는 약간의 설명이 필요하다. 어쩌면 이런 설명이 다른 지역에도 타산지석이 되어 배분심사위원회와 비슷한 기능의 조직이 생길 수도 있을 것이다.

포천시 지역사회보장협의체에 배분심사위원회가 생긴 것은 2015년이다. 특별한 규정이 있어 그런 것은 아니고, 포천시에 만들어졌던 '희망 포천추진위원회(희망추진위)' 때문이다. 희망추진위는 지역의 자원을 효과적으로 조성하자는 의미에서 만들어진 일종의 기금조성을 위한 후원조직이었다. 처음 조직할 때는 지역사회보장협의체와 업무적인 연계가 없었지만, 희망추진위 내에 조성된 기금 배분을 심의할 배분심사위원회를 두게 되었고, 배분심사 위원장을 당연직으로 지역사회보장협의체 실무위원장이 맡도록 명기해 놓았다. 바로 이 규정 때문에 후일 희망추진위 활동이 어렵게 되자 포천시청에서는 민간기구인 지역사회보장협의체에서 배분심사 업무를 맡아야 한다고 판단했다. 문제는 이런 결정을 할 때 지역사회보장협의체나 사무국과 사전 논의나 심의가 없었다는 것이다. 그냥 공공에서 결정하고 지자체장의 결재를 받았다. 그래서 희망추진위 업무를 지역사회보장협의체 사무국에서 맡게 되었다. 2년 뒤 희망추진위는 해체되었지만, 배분심사위원회의 기능은 그대로 남아 사회복지공동모금회의 지정기탁금 긴급지원 배분을 할 때 지역사회보장협의체 배분심사위원회의 심의를 받도록 했다. 결과적으로 보면 절차상 아쉬운 점이 있긴 하지만, 지역사회보장협의체의 기능과 역할에 도움이 되는 결정이었다 볼 수 있다.

현재는 다시 희망 포천추진위원회가 구성되어 활동 중이다. 하지만 아직도 배분심사위원회는 지역사회보장협의체 사무국에서 관리하고 있다. 긴급배분을 위주로 심의하지만, 연중행사처럼 배분하는 여름나기, 겨울나기 등의 기획사업의 사전 심의도 담당하고 있다. 위원은 모두 8명으로 지역사회보장협의체 사무국장도 위원으로 참여한다. 배분심사위원회의 세칙도 있고, 배분심사위원회를 지역사회보장협의체 실무협의체의 관장 하에 두고 있다. 즉, 실무위원장이 배분심사위원회의를 관리하고, 결과보고를 받도록 하고 있다.

다음의 자료는 배분심사위원회의 운영세칙과 배분심사 서류의 샘플이다.

희망곳간 배분심사 규정

제1조(목적) 본 규정은 **포천시지역사회보장협의체** 배분심사를 함에 있어 공정하고, 투명하게 배분이 이루어질 수 있도록 규정함을 목적으로 한다.

제2조(배분심사위원회)
① **포천시지역사회보장협의체** 배분심사위원회(이하 '배분위'라 한다.)는 **포천시지역사회보장협의체 운영규정 제23조** 규정에 의한 위원으로 구성하며 회의소집과 의결은 해당 규정에 의해 진행한다. 단, 긴급한 지원을 요하는 경우 서면으로 심의 할 수 있다.
② 배분심사위원회에서는 위원장과 부위원장을 호선하며 위원장 부재 시 부위원장이 회의를 주재한다.

제3조(배분대상)
① 사회복지사업 기타 사회복지활동을 행하는 법인, 기관, 단체 및 시설
② 사회복지서비스를 필요로 하는 개인 (내국인에 한함)

제4조(배분제외대상)
① 동일한 사업으로 국가·지방자치단체 또는 다른 기관으로부터 지원을 받았거나 받기로 확정된 사업의 경우. 단, '배분위'의 의결로 지원이 필요하다고 인정될 경우 지원이 가능하다.
② 법령상 금지된 행위에 사용되는 경우
③ 정치, 종교적 목적에 이용되는 경우
④ 수익을 주된 목적으로 하는 사업
⑤ 공직선거법에 위반되는 경우
⑥ 배분을 원하는 사업이나 개인의 신청내용이 부실해 '배분위'가 보완을 요구한 사업 또는 개인이 다시 동일 내용으로 신청한 경우

⑦ '배분위'의 의결로 배분대상에서 제외된 사업이나 개인

제5조(배분사업의 종류) '배분위'는 원활한 배분사업을 위해 다음과 같이 배분사업의 종류를 구분해 배분한다.
① 공모사업: 사회복지증진을 위해 자유주제 형태로 복지사업을 신청하는 사업
② 기획사업: **포천시지역사회보장협의체**가 그 주제를 정해 공모형태로 신청을 받는 사업 또는 배분요청자로부터 제안 받은 내용 중 우리 지역에 꼭 필요하다고 인정하는 사업인 경우
③ 긴급지원사업: 재난이나 저소득층의 긴박한 구호조치가 필요한 경우

제6조(배분신청)
① '배분위'에 배분신청을 하고자 하는 경우에는 공고된 기일 내에 '배분위'가 정한 배분신청서를 제출해야 한다.
② 배분신청을 했던 사업은 추후 재신청할 수 없다. 단, 개인을 긴급 지원하는 경우, 배분위에서 인정하는 사업은 재신청 할 수 있다.
③ 긴급지원사업의 경우 기관 또는 단체에서 신청한다.
④ 배분신청 시 배분 사업별로 정한 배분 한도액을 초과해 신청 할 수 없으며 배분액은 배분한도액에 한해 지원한다.
⑤ '배분위'는 신청한 사업에 대해 시정 혹은 보완을 요구할 수 있으며 해당 기관이나 단체는 '배분위' 요구에 맞도록 배분 신청서류를 수정 또는 보완해 다시 제출해야 한다.
⑥ '배분위'는 필요한 경우 자부담을 명시해 배분사업을 지원 할 수 있다.

제7조(배분심사) '배분위'는 공정하고 원활한 배분사업을 위해 다음의 기준에 따라서 배분심사를 진행해야 한다.
① 기관평가는 신뢰성과 사업수행능력을 중점적으로 평가한다.

② 사업평가는 사업의 적합성과 실현가능성, 적절성과 효율성을 평가한다.
③ 기타평가로 해당 사업에 대한 홍보노력 및 지역에서의 자원 활용계획과 자부담 능력 등을 평가한다.
④ '배분위'는 필요하다고 인정될 경우 포천시지역사회보장협의체를 통해 사례분석 및 사전조사 등의 도움을 받을 수 있으며, 시민복지과를 통해 개인의 재산상태 등을 조사 할 수 있다.
⑤ 심사과정은 예비심사, 서류심사, 면접 및 현장 심사 등으로 진행한다. 단 '배분위'는 필요하다고 인정될 경우 예비심사와 현장심사를 포천시지역사회보장협의체에 의뢰할 수 있다.
⑥ 개인에게 지원되는 긴급지원사업의 경우에 한해 서면으로 심의 의결할 수 있으며 서면심의의 경우 지원 한도액은 **1,000,000원** 이내이다.
⑦ 배분심사는 무기명 투표를 원칙으로 하며 전체 위원 과반수 참석에 참석위원 과반수로 의결한다.
⑧ 지원에 대한 의결이 가, 부 동수일 경우 부결된 것으로 본다.
⑨ 배분심사위는 배분을 신청한 기관 혹은 개인에게 해당 배분 내용에 대한 소명을 요청할 수 있다.
⑩ 배분심사를 위한 회의는 월1회를 원칙으로 하고, 서면심사는 월 2회 이내로 한다.

제8조(배분사업의 계약체결)
① 배분금을 지원받는 사람은 **포천시지역사회보장협의체**와 사업계약을 체결하고 그 내용을 준수해야 한다. 단, 배분위의 결정으로 사업계약을 생략할 수 있다.
② 배분을 지원받은 사람은 배분사업의 종료 후 30일 이내에 사업결과를 포천시지역사회보장협의체 사무국에 제출해야 한다.
③ 포천시지역사회보장협의체 사무국에서는 사업결과보고서가 미흡하거나 부적당할 경우 보완요청 할 수 있다.

④ 사업 종료 후 잔액이 발생할 경우 **포천시지역사회보장협의체**에 반납해야 한다.

제9조(배분취소 또는 환수)

① '배분위'의 배분결정 후에 다음 사유가 발생할 경우 배분을 취소하고 지급된 배분금을 환수 할 수 있다.
　가. 배분제외 대상에 해당하는 사업 또는 비용임이 밝혀질 경우
　나. 배분금을 목적 이외에 사용하는 경우
　다. 배분대상 사업이 중지되었거나 목적달성이 불가능할 경우
　라. 배분대상기관이 폐업 또는 파산한 경우
　마. '배분위'의 수정·보완 서류제출 요구 시 1개월 이내에 제출하지 않을 경우
　바. 제출한 서류에 중대한 하자가 발생하거나 허위사실임이 밝혀질 경우
　사. '배분위'에서 배분 환수가 필요하다고 판단되는 경우

부　　　칙

제1조 포천시지역사회보장협의체 사무국은 포천시(시민복지과)와 협조해 경기사회복지공동모금회 또는 별도의 기관을 통해 배분이 이루어지도록 한다.

제2조 본 규정은 2020년 11월 3일 부터 효력을 발생한다.

문서번호	포천지사협-2023R0
보존기간	5년
결재일자	2024.01.22.
공개여부	공개

사회보장협의체 국장 이정식
☎ 30○○

간사	국장	실무위원장	대표위원장

- 포천시 이웃돕기 사업의 원활한 수행을 위한 -
2024 보장협의체 배분심사위원회 운영계획(안)

- 포천시 이웃돕기 사업의 원활한 수행을 위한 -

2024 보장협의체 배분심사위원회 운영계획(안)

- 시민들이 참여하는 포천 복지공동체를 통한 이웃돕기를 실천의 통로역할
- 민·관이 참여하는 거버넌스 의결기구로서의 역할을 수행할 위원회 운영

개요

○ 지역사회보장협의체 배분심사위원회 설치 근거:
  포천시지역사회보장협의체 운영규정 제25조 규정
○ 역할:
  포천시의 이웃돕기 기금인 '희망곳간' 및 기타 공모사업의 투명하고 합리적인 배분을 위한 심사역할
○ 구성: 지역사회보장협의체 위원 및 민간전문가와 공공위원 등 7명으로 구성
○ 배분내용: 긴급지원 요청 및 공모사업 심사요청에 따라 서면 또는 대면 심의
○ 주요심사대상:
  1. 14개 읍면동을 통해 희망복지팀으로 요청된 배분심사 건에 관한 심의
  2. 민간 사회복지기관에서 희망복지팀으로 요청된 배분심사 건에 관한 심의
  3. 공모사업계획에 따라 접수된 사업에 대한 배분심사 요청 건 심의

세부 구성

○ 구성: 2024년 1월 현재 위원 총 7명으로 구성
   (포천시지역사회보장협의체 운영규정 제26조 규정에 의거 실무협의체 구성 결정)
○ 배분심사위원장: 홍○○
   배분심사부위원장: 오○○
   배분심사위원: 이정식, 박○○, 박○○,
   　　　　　　 김○○(희망복지팀장), 이○○(복지조사팀장)
○ 보장협의체 사무국 담당 직원(간사): 이○○
○ 임기: 민간위원의 임기 2년(연임 가능), 공공 위원은 직에 있는 동안 임기

배분심사 방법

○ 서면심사: 배분신청 금액이 100만 원 이하인 경우 위원장의 결정에 따라 서면으로 심의를 진행할 수 있음(재적위원 과반수 찬성 시 의결)
○ 대면심사: 배분신청 금액이 100만 원 이상이거나 공모사업을 진행하는 경우 대면으로 심의하고 재적위원 과반수 참석, 참석위원 과반수 찬성 의결함
○ 일정: 정해진 일정은 없으며 배분심사 요청이 있을 시 서면 또는 대면 심의 **(통상 연 10회 이상 서면심의와 5회 이상 대면 심의를 진행하고 있음)**
○ 배분신청기관의 보고 의무:
   배분신청 기관은 배분심사위원장의 요청이 있을 경우 대면회의에 참석, 배분 신청 내용을 보고해야 하며, 배분 종료 시 결과 보고 요청에 따라 보고서를 제출해야 함

○ 배분심사순서

향후 운영 계획

○ 배분심사 규정 부칙에 의거해 한시적으로 운영될 예정임
  - **포천시지역사회보장협의체 사무국은 희망포천추진위원회 산하 배분심사위원회가 사회복지법인 또는 재단법인이 되기 전까지 한시적으로 운영**

배분심사위원회 운영 예산

○ 별도 예산은 없으며 민간 위원에 대한 회의 참석 수당 지급(회당 5만 원)

효율적인 배분심사를 위한 기준

사회복지공동모금회의 배분 기준을 중심으로 포천시 배분심사기준표를 만들어 본다.

1. 기관평가
   - 기관의 신뢰성과 사업수행능력 등을 평가한다.
2. 사업평가
   - 배분 신청한 사업에 대한 평가로 적합성과 실현가능성, 투입비용과 투입의 효과성 등을 평가한다.
3. 기타평가
   - 해당 사업의 자부담여부, 사업을 통한 홍보효과 등을 평가한다.

구 분	공 모 사 업	평가여부(점수부여)
신청기관평가 (10)	주요 사업 활동	4
	배분심사참여 여부	4
	조직구성의 효율성	2
신청사업평가 (70)	문제해결을 위해 적절한 신청 사업인가?	10
	대상자 선정은 합리적인가?	10
	배분신청으로 문제가 해결가능한가?	10
	투입되는 시간과 인력, 장비 등은 합리적인가?	10
	문제해결을 위한 세부적인 내용이 있는가?	10
	신청 예산 항목과 금액은 타당한가?	10
	문제해결을 위한 구체적인 내용이 있는가?	10
기타평가 (20)	배분신청 사업을 통한 홍보가 가능한가?	5
	사업의 성과물을 홍보할 수 있는가?	5
	향후 보완할 내용은 있는가?	5
	배분신청 사업의 자부담비율은 적정한가?	5

※ 평가 점수 평균이 60점 이하인 경우 지원하지 않음

구분	긴급지원사업	평가여부(점수부여)
신청사업평가 (70)	문제해결을 위해 적절한 신청 사업인가?	10
	대상자 선정은 합리적인가?	10
	지원 내용이 합리적인가?	10
	배분신청으로 문제가 해결 가능한가?	10
	문제해결을 위한 세부적인 내용이 있는가?	10
	신청 예산 항목과 금액은 타당한가?	10
	향후 지속적 중복지원 여지는 없는가?	10
배분심사 위원회 자체평가 (30)	배분심사위원회 심의 결과	30

※ 배분심사위원회 심의 결과는 당일 회의에서 점수 배점함
※ 전체 점수 70점 미만일 경우 배분하지 않음

> **TIP** 【공동모금회 심사에서 주로 지적되는 문제들(2008)】
>
> - 신청자가 제기한 문제가 별로 심각하지 않다(44%)
> - 신청금액의 쓰임새가 불명확하다(42%)
> - 문제의 성격이 명료하지 않다(33%)
> - 문제제기 방식이 부적절하다(31%)
> - 문제에 대한 증거서류가 부적절하다(28%)
> - 문제에 대처방법이 적합하지 않다(28%)
> - 평가계획이 불명료하다(27%)
> - 사업목표가 명확하지 않다(21%)
> - 추진 일정표가 불합리하다(20%)
> - 문제와 관련하여 기관의 실적이 없다(20%)
> - 기획과정에서 지역사회가 배제되어 있다(16%)

2) 공동모금회 프로포절 심사 기준

구분			주요내용
심사	기관평가	신뢰성	- 해당 기관/ 시설의 주요사업 및 활동 - 모금회 및 타 재단 사업수행경험 및 결과 - 조직 및 직원체계/이사회 및 운영위원회 구성
		사업수행 능력	- 유사/동일사업 수행경험 - 투입인력(사업담당자 및 슈퍼바이저) 구성 - 신청한 사업내용의 수행을 위한 조직, 인력, 예산 투입 정도
	사업평가	적합성	- 문제해결을 위한 목적 및 성과목표의 부합성 - 목적 및 목표 달성을 위한 프로그램 구성의 적합성 - 대상자 및 대상자 선정기준의 타당성
		실현 가능성	- 목적 및 성과목표의 실현 가능성 - 목적 달성을 위한 세부사업내용 및 평가계획의 실현 가능성 - 성과 목표 측정을 위한 제시한 지표의 타당성
		투입요소 적절성	- 지역자원, 담당인력, 투입시간, 장비 등의 투입요소의 적절성 - 사업수행을 위한 인력/장비/시설 등의 타당성
		투입비용	- 사업비 및 인건비 구성과 투입비용 수준의 적절성 - 예산 항목 각 요소의 구체성
	기타평가	홍보노력 지역자원 활용	- 홍보계획의 적절성 및 실현가능성 - 사업성과물의 지역사회 홍보를 위한 매체 활용 방안
		자구계획	- 자구계획 등 향후 운영계획의 합리성, 타당성

지역사회보장계획에 관해

드디어 가장 골치 아프고 중요한 주제를 다루게 된다. 그것은 바로 지역사회보장계획에 관한 것이다. 간단하게 설명하면 지역사회보장계획은 4년마다 수립하는 중장기계획으로 법적으로 정해져 있는 법정계획이다. 법정계획이라는 말은 반드시 수립해야 하는 계획이라는 의미다. 전국의 모든 지자체는 4년마다 싫든 좋든 지역사회보장계획을 만들어야 한다. 광역도 마찬가지다. 지역사회보장계획을 만들어 상위 기관으로 보내는 책임은 지자체장에게 있다. 즉, 기초지자체인 포천시의 경우 포천시장이 지역사회보장계획 수립 책임자다. 지자체장이 책임자라는 말은 이 계획이 공적인 영역의 업무라는 것이다. 공무원들이 수립을 주도한다는 의미다. 지역사회보장계획이 골치 아픈 이유는 단순히 공무원들이 공적인 분야에 대해 단독으로 별다른 협의 없이 수립하는 것이 아니라 사전에 지역사회 보장 관련 주민 욕구 조사를 해야 하고, 수립 시에도 민간과의 협력이 있어야 하기 때문이다. 수립 후에는 시행이 잘 되고 있는지 모니터링을 해야 하고, 모니터링을 통해 나온 의견이 환류되어 제대로 이행되는지도 보고해야 한다. 모니터링의 주체도 민과 관이다. 사업을 시행하는 담당 부서는 공무원이다. 두 주체 간의 적당한 협력이 지역사회보장계획의 성패를 좌우하는 것이다. 중앙정부에서는 수립과 이행에 관해 평가하고, 포상을 주기도 한다. 업무 평가를 한다면 경기를 일으키는 공무원들의 성향상 지역사회보장계획은 반드시 극복해야 하는 어려운 과제인 것이다.

지역에 따라 다르지만 대부분 지역에서 40여 가지 이상의 세부사업을 시행하겠다고 계획을 세운다. 하나하나의 사업은 담당 부서와 수행 예산이 있고, 성과지표와 목표가 얼마나 달성되었는지를 보여 주는 결과치가 있다. 2025년 기준으로 지역사회보장계획은 제5기 사업이 시행 중이다. 4년마다 계획을 수립하기 때문에 처음 계획을 수립한 이래 20년 정도 되었다는 의미다. 보장협의체라는 명칭 변경에 따라 제1기와 제2기까지는 지역사회복지계획이지만, 제3기 이후 지역사회보장계획으로 불리고 있다.

법적인 근거는 2003년에 마련되었다. 전국적으로 보장계획을 수립하지만, 정작 지역에서는 왜 이 계획을 수립하는지에 대한 충분한 합의나 여론 형성이 되지 못했다는 회의적인 시각도 있다. 중앙정부에서 하라니까 할 수 없이 만든다는 의견이 의외로 많다. 이런 지역의 어려움 때문에 제1기와 제2기까지는 정부나 지자체의 여러 복지사업을 나열하는 수준이었다. 새로운 사업을 만들기보다는 현재하고 있는 복지사업을 그대로 계획수립이라고 열거한 것이다. 실제 현장에서는 지역의 욕구 조사를 하기도 쉽지 않고, 주민공청회나 연구 용역을 의뢰하는 것도 매우 어려운 일이라는 푸념이 나왔다. 특히 지방의 소도시의 경우 이런 일을 할 수 있는 지역 내 인프라 자체가 부족해 계획수립에 애를 먹고 있다. 제3기부터 지역에서 변화가 보이기 시작했다. 외부의 연구기관에 계획수립을 맡기지 않고 지자체에서 자체적으로 수립하는 지역이 나타났고, 주민들의 관심도 점차 높아졌다. 하지만 여전히 힘든 작업인 것은 분명하다.

그렇다면 지역사회보장계획은 왜 수립하는 것일까? 가장 기본적인 이유는 지역사회의 사회보장수준 향상을 통한 주민의 삶의 질 향상을 도모하기 위함이다. 쉽게 말하면 보장계획을 통해 주민들이 원하는 사업을 시행하고, 사업 시행을 통해 주민의 삶의 질을 높여 주자는 것이다. 따라서 지역사회보장계획에서 추구해야 하는 핵심가치가 있다. 지역사회의 문제와 주민 욕구에 기반한 계획을 수립해야 한다는 것이다. 그리고 계획수립을 공공이 단독으로 주도하는 것이 아니고, 다양한 지역의 주체들이 함께 참여해야 한다는 것이다. 잘 만들어진 계획처럼 보일지라도 이런 핵심가치가 빠졌다면 그것은 제대로 만들어진 계획이 아니다.

사회보장 관련 법정계획으로는 지역사회보장계획이 유일하고 시행과정에 대한 모니터링을 통한 환류 제도가 있어 실행력도 높은 편이다. 다만 중앙정부의 사업이나 막대한 예산이 들어가는 사업은 세부사업에 포함되지 않기 때문에 보장계획이 핵심적인 사업을 포함한 것이냐에 대한 회의적인 의견도 있다. 민간에서 요구하는 세부사업은 종종 예산문제와 현실성 부족이라는 이유로 배제되는 일도 잦고, 지자체의 환경 변화에 따라 갑자기 사라지는 경우도 있다. 하지만, 그럼에도 불구하고 지역사회보장계획은 지역의 다양한 욕구를 반영할 수 있는 거의 유일한 채널 역할을 하고 있다.

지역사회보장계획은 4년을 이어 가는 중장기계획이기 때문에 매년 연차별 시행계획을 수립해 사업의 방향성과 실행력 확보를 위한 보정 역할을 한다. 지역사회의 환경과 여건 변화도 고려해야 하고, 예산의 변동도 있으며 주민 욕구의 변화도 있을 수 있어 매년 계획의 성과를 높이고자 연차별 시행계획을 수립한다.

지역사회보장계획의 수립과 결과는 내용이 너무 방대해 이 자리에서 모두 이야기한다는 것은 힘든 일이다. 따라서 이 책에서는 현장에서 느끼는 점, 아쉬운 점, 어떻게 보완하면 좋을까를 다루는 선에서 마무리하고자 한다.

제5기 지역사회보장계획 수립부터 큰 변화가 있었는데 그것은 보장계획을 크게 두 가지 주제로 나누어 세부사업을 수립하도록 한 것이다. '지자체 사회보장사업 전략체계'와 '지역사회보장 균형발전 전력체계'가 그것이다. 크게 나눈 사업명을 통해서 알 수 있듯 지역사회보장계획은 중앙정부 차원에서는 전국적인 균형발전을 도모하는 사업의 일환이라 볼 수 있다. 그런 면에서 본다면 이 책자의 가장 앞부분에서 논한 지역의 균형발전, 즉, 지방자치와 깊은 연관이 있다.

　지역사회보장계획이 추구해야 하는 전국적인 가치는 지방의 균형발전을 통한 대한민국의 지역보장 수준 향상이다. 현장에서 보면 이런 중앙정부의 의도와 달리 지역의 세부사업들은 비슷비슷한 내용이 주를 이룬다. 사실 대한민국 국민의 욕구가 지역별로 크게 다르다고 볼 수는 없기에 당연한 일이다. 하지만 애써 기초지자체별로 계획을 수립하고 있는데 만들어진 세부사업의 내용이 전국적으로 대동소이하다면 과연 이런 계획을 중장기적으로 수립하는 것이 가치 있는 일이냐는 회의적인 목소리가 나올 수 있다. 더 부정적으로 보면 지방 소도시의 경우 계획수립을 위한 외부용역을 맡길 기관이 마땅치 않기에 연구기관 한곳에서 여러 지방 도시의 계획수립을 동시에 맡는 경우가 있다. 이럴 때 연구원 몇 사람이 여러 지역의 세부사업을 만들게 되고 그 과정에서 비슷한 사업들이 열거되거나 지역의 필요가 아닌 계획 수립자의 편의에 따라 만들어지는 경우도 있다.

　경기도의 경우 균형발전 측면에서 이런 어려움을 돕고자 경기복지재단을 통한 계획수립 지원을 하기도 한다. 하지만 경기도만이 아니라 중앙정부 차원에서도 지방 소도시의 어려움에 대한 배려가 있어야 할 것이다. 예산이 충분하지 못한 지역은 수의계약을 할 수 있는 정도의 예산 만으로 계획수립을 진행하게 되는데, 지역에서 원하는 다양한 세부사업과 양질의 사업을 수립하는 데 어려움이 있다. 중앙정부와 광역지자체에서 다양한 모형화와 수립 관련 컨설팅, 교육 등을 시행하고 있지만, 지역에서 느끼는 고립감은 적지 않다. 특히 담당 공무원이 새로 보임되어 온 사람이라면 느끼는 부담감은 엄청난 것이다.

　개인적으로 세부사업을 시행하는 과정에 가장 아쉬운 점은 성과지표에 대한 부분이다. 성과지표는 해당 사업을 시행함으로써 얻게 되는 지역 주민들의 편익이 얼마나 되는지를 지표화하는 것이 중요하다. 예를 들어 노인복지관 건립이 세부사업이라면 노인복지관이 생기기 전과 생긴 다음에 주민들이 복리는 어떻게 변화했는지, 얼마나 삶의 질이 향상되었는지, 만족도는 얼마나 되는지 등에 관한 결과가 지표화되어야 한다. 하지만 사회복지에서의 비용 대비 편익 분석은 자의적인 요소가 많고, 수식화하기 어렵다. 우리는 과연 이런 주민들의 복리 수준 변화를 어떻게 산정할 수 있을까? 지금까지 대부분 지역에서는 정량적인 지표 또는 단순 만족도 조사 등을 성과지표로 삼았다. 하지만 단순한 주민 참가비율, 연인원, 참가자의 만족도 등으로 과연 그 사업이 지역의 복리 수준, 삶의 질 향상에 정말 얼마나 이바지했는지 가늠할 수 있을까?

우리는 이런 경우 사회복지상의 비용편익분석 함수를 이용할 수 있다. 현장에서 이런 함수를 이용해 성과지표를 만드는 경우는 거의 없지만, 지역사회보장계획의 성과와 효과성을 고려해 생각해 볼 필요가 있다.

만일 세부사업이 장애인복지관 건립과 건립에 따른 지역 주민 복리 향상이라면 다음과 같은 편익함수를 고려해 볼 수 있다.

분석 대상은 장애인복지관을 건립하기 전과 건립 후의 지역사회의 주민 복리의 변화이다. 분석 기간은 장애인복지관을 건립한 후 5년간 운영했을 경우다. 함수의 할인율, 즉 사업을 통한 비용증가의 민감도를 3%로 상정한다. 초기비용 즉 건립비에는 토지와 건축비, 실내장식과 장비 등의 구매, 설계비 등이 포함된다. 장애인복지관 운영에 필요한 비용으로는 인건비, 프로그램운영비, 유지관리비, 공공요금, 행정간접비 등이 있으며 기회비용은 자원봉사 시간의 대체 비용 등이 있다. 편익항목은 직접 고용을 통한 소득효과가 있는데 이것은 장애인복지관에서 일하는 직원을 고용할 때 지급되는 급여이다. 또한, 돌봄, 간병 부담이 줄기 때문에 발생할 수 있는 편익도 있다. 보호자가 장애인을 돌봄에서 벗어난 노동시간 감소분도 있다. 장애인

복지관 이용으로 의료비가 줄었다면 그 부분도 편익이 될 수 있다.

연도별 편익 Bt와 비용 Ct를 계산해 현재 가치로 환산하면

$$PV(B) = \sum_{t=0}^{T} \frac{Bt}{(1+r)^t} \quad \text{(편익)} \quad , \quad PV(C) = \sum_{t=0}^{T} \frac{Ct}{(1+r)^t} \quad \text{(비용)}$$

$$NPV = PV(B) - PV(C) \quad , \quad BCR = \frac{PV(B)}{PV(C)}$$

위 함수식이 이야기하는 것은 다음과 같다. 함수의 기본은 5년간의 비용과 편익에 대한 계산이다. 장애인복지관의 초기 건립비는 1,500,000,000원이고 연간 운영비(1~5년) 200,000,000원 이며(매년 동일하다고 가정) 장애인복지관이 생김으로서 30명의 직원을 채용한다면 인건비는 연간 300,000,000원 이라 가정한다. 장애인 보호자의 간병과 돌봄 시간이 절감된 것을 비용을 산정하면 100가구 × 5시간/주 × 52주 × 12,000원/시 = 312,000,000원으로 연간 3억 원 정도의 비용 절감 효과가 있다. 장애인복지관을 이용함으로써 들어가야 할 의료비가 연간 200명 × 500,000원 = 100,000,000원 정도 줄어든다면 이것도 편익으로 잡을 수 있다. 지역 공동체의 참여를 편익으로 산정하면 연간 200명 × 300,000원 = 60,000,000원 정도라 할 수 있다.

입소 회피를 통한 고정비용을 2건으로 산정하면 연간 2건 × 30,000,000원 = 60,000,000원 정도의 편익이 발생한 것이라 볼 수 있다. 따라서 연간 총 편익은 832,000,000원 정도다.

이것의 위의 함수식에 대비해 계산하면
계산 결과 (현재 가치, 할인율 3%, 기간 5년)일 때
PV(C) = 2,415,941,437원 (초기비용 1,500,000,000원 + 연간운영비의 현재 가치 합)

PV(B) = 3,810,316,380원

NPV = PV(B) - PV(C) = 1,394,374,942원 (순 편익 양호)

BCR = 1.577 (편익이 비용의 약 157.7%)이다.

단순한 계산식과 비용산정이긴 하지만 비용 편익 분석을 통해 장애인복지관이 지역에 건립되는 것이 지역의 편익의 증대로 이어질 수 있다는 논거는 될 수 있다. 좀 더 세밀한 계산을 위해 할인율을 변동하면서 계산할 수 있고, 브레이크 이븐(BEP)가 되는 할인율은 무엇인지를 볼 수도 있다.

이렇게 세부사업이 가지는 비용 편익이 어느 정도 사업의 실효성을 담보한다면 연차별시행계획 상에 당해 연도에 달성해야 하는 성과지표는 다음과 같은 간단한 함수식으로 나타낼 수 있다.

$$B = \sum_j vi \times \triangle Ij$$

여기서 B=사업 전·후 또는 기대치의 변화이고, vj=지표 j 1'단위당 화폐가치이다. 이 식의 의미는 사업을 하기 전과 후의 기대치가 어떻게 변화하는지 단위당 화폐가치로 나타낸다는 것이다. 이것을 바탕으로 현재 가치로 할인하면 다음과 같다.

$$PV(B) = \sum_t \frac{Bt}{(1+r)^t} \quad (편익) \quad , \quad PV(C) = \sum_t \frac{Ct}{(1+r)^t} \quad (비용)$$

$$NPV = PV(B) - PV(C) \; , \; BCR = \frac{PV(B)}{PV(C)}$$

성과지표에 위 산술식을 적용하려면 먼저 정확한 사업 내용을 산정해야 한다. 예를 들면 취업 전환하려는 청년이 50명, 또는 서비스 이용자 200명 등으로 가정하는 것이다. 그리고 본 세부사업이 없을 때의 상황, 즉 지금 현재는 사업이 없기에 어떤 상태인지에 대한 기준선이 필요하다. 변화에 대한 추정으로 본 사업을 통해 기준선 대비 얼마나 변화가 만들어졌는가를 수치화하는 것이다. 산식으로 나타내기 위해서는 이와 같은 변화들을 단위 가격으로 환산할 수 있어야 한다. 단위 가격 산출을 위한 기본적인 데이터는 연평균 임금(또는 사회적 생산성 수치), 삶의 질 개선에 대한 문헌정보, 서비스 접근성(이용자 1인당 연간 편익) 설문(WTP) 또는 기존 연구 단가 등을 참고한다.

산술식의 중복·인과 검증을 통해 지표 간 중복(예: 의료비 절감과 삶의 질 중복)을 제거해야 보다 정확한 결과를 얻을 수 있고, 연도별 편익·비용 산정(초기비용·운영비 포함)을 산정해야 한다. 할인율이나 민감도 분석도 필요하다. 중복을 제거하는 가장 간단하면서 명료한 방법은 조정계수를 사용하는 것이다. 중복정도를 α(0~1)로 추정하면 식은 다음과 같다.

$B_{total} = \sum Bj - \sum_{i<k} \alpha_{ik} \min(B_i, B_k)$ 작은 비용을 제외하고 전체적인 중복 정도를 고려한다.

여기서 성과지표 설정을 두 가지 방법으로 할 수 있다. 현재 가치로 환산한 단위당 화폐가치를 상승시키겠다는 방법과 사업을 한 뒤에 지역 주민의 비용 대비 편익을 얼마로 상승시키겠다는 방법이 그것이다. 전자의 경우는 사업대상에 대한 적절한 관리 또는 비용 절감을 통해 단위당 효율성을 제고시킨다는 것이고, 후자의 경우 사업을 통해 얻는 편익의 전체 양을 늘리겠다는 방식이다. 무엇이 되던지 단위당 화폐가치 또는 편익을 양을 수식을 통해 얼마나 늘리는지 합리적으로 확인할 수 있기에 단순 정량, 정성 지표인 만족도 측정이나 프로그램 참가자 연인원 같은 다소 사업의 효과성을 제대로 측정할 수 없는 지표보다는 더 정확하고 설득력이 있다. 다만 이런 방법에 동원되는 함수값이 문제인데 얼마나 공신력이 있고, 정확한 데이터에 기반하고 있는지 가중치 인자를 잘 살펴보아야 한다. 성과지표에 달성하고자 하는 수치만 적용하는 것이 아니라 브레이크 이븐 할인율을 적용해 편익이 얼마 이하로 떨어지면 사업을 재고한다는 식의 마이너스 측정도 가능하다.

우선 지역사회보장계획의 전체적인 사업 흐름을 먼저 살펴보고 성과지표에 관한 부분을 좀 더 짚어 보기로 한다.

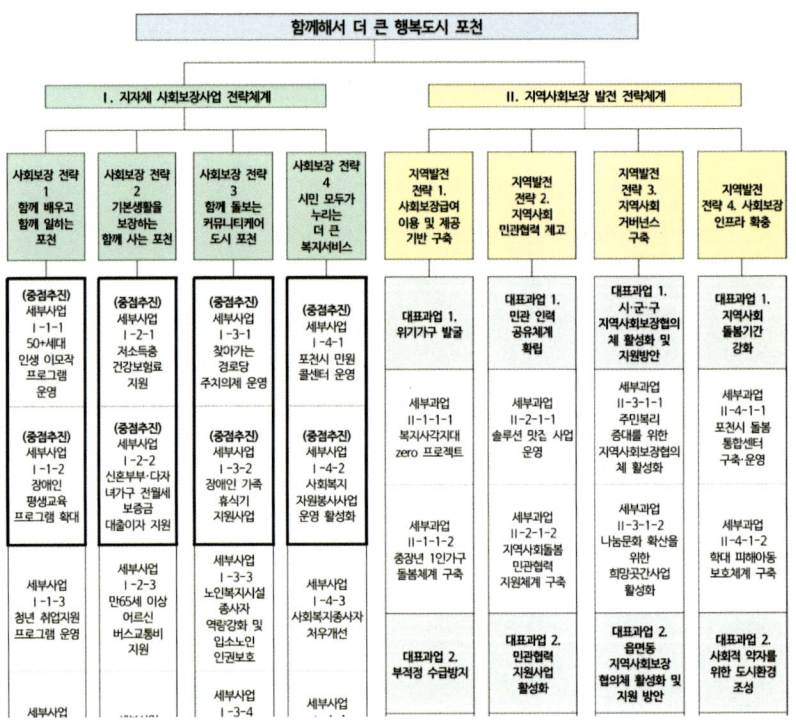

포천시의 제5기 지역사회보장계획

포천시의 경우 슬로건은 '함께해서 더 큰 행복 도시 포천'이다. 이런 문구는 지자체장의 선거 슬로건과 비슷한 것이다. 대부분 지역에서 지역사회보장계획은 지자체장의 공약사항이 많이 반영된다. 슬로건도 마찬가지다. 포천시의 슬로건은 '더 큰 포천, 더 큰 행복'이다. 앞서 살펴본 대로 포천시도 지자체 사회보장사업 전략체계와 지역사회보장발전 전략체계로 사업이 대별되어 있다. 발전전략체계가 거시적인 큰 그림에 관한 것이라면 사회보장사업 전략체계는 미시적인 실행 프레임이라 할 수 있다. 물론 정확하게 딱 그렇게 구분되는 것은 아니다. 두 카테고리의 차이를 좀 더 살펴보면 다음과 같다.

[지역사회보장 발전전략체계] → 지역복지의 큰 방향(비전·패러다임)
↓
[지자체 사회보장사업 전략체계] → 이를 실행하는 구체적 수단(사업계획)

구분	지자체사회보장사업 전략체계	지역사회보장 발전 전략체계
목적	각 지자체가 수행하는 사회보장사업의 효율적 추진, 관리	지역사회 전체의 복지체계 발전 방향과 구조적 변화 유도
주체	공공중심 - 복지정책과, 사회복지관련부서 등	지역사회보장협의체, 시민·민간 기관 포함한 거버넌스 중심
주안점	개별 사업의 계획, 집행, 성과관리	장기적 비전과 협력, 복지 전달 체계의 질적 향상
시행기간	1~4년 단위(보장계획의 기간)	중장기 10년 이상
구성	목표-세부사업-성과지표-예산	비전-발전방향-정책과제-협력체계-평가·환류
실제 예	장애인복지관 건립, 노인일자리 확대, 돌봄서비스 개선 등	포용적 지역복지 체계 구축, 공공-민간 연계 강화, 지역복지 생태계 설계

분류해 보면 실제 세부사업에서는 큰 차이가 없어 보인다. 지역사회보장 발전 전략체계가 해당 지자체의 고유한 사업이 더 많이 포함된 것으로 보이

며, 민간의 수행에 더 초점을 맞춘 것처럼 보이는데 대부분의 지자체가 비슷한 형태를 가진다.

포천시의 세부사업에 대한 성과지표

구 분		주요 내용			
성과 지표	성과지표 명	프로그램 만족도 비율			
	지표정의	교육생 대상 프로그램 만족도 평가 (설문 응답자 중 만족 이상 답변자 수/설문 응답자 수)*100%			
	2025년 성과목표 달성률	5기 기본계획에 제시한 2025년 목표	2025년 시행계획의 목표(A)	2025년 상반기 실적(B)	달성률(B/A)
		90(%)	90(%)	해당없음	0%
	목표수준 산출근거	교육과정 종료 후 설문조사			
	자료출처	설문조사 결과			
	담당자 의견	교육생 모집 및 프로그램 운영 중(프로그램 종료 후, 만족도 조사예정)			
추진 체계	참여기관	기관별 역할		민관협력 및 주민참여 방법	
	지자체	계획수립, 예산지원, 교육생 모집, 운영, 커뮤니티 활동 지원 등		· 교육과정별 전문 운영기관 선정 · 사업 관계자 간 프로그램 기획 및 운영 협의 · 성과공유 네트워크	
	공공기관	교육장소 연계 및 교육생 모집 홍보			
	민간기관	교육과정 운영, 교육 참여자 활동 연계 등			

앞서 비용 편익 분석으로 살펴보았던 성과지표 부분을 보면 포천시의 해당 사업은 교육생을 대상으로 프로그램에 참여한 후 만족도가 무엇인지를 지표로 삼았고, 목표는 만족한다는 응답이 90% 이상 나오게 하겠다는 것이다. 교육에 대한 만족도 조사는 특별한 경우가 아니라면 대체로 높게 나온다. 의무교육이거나 비싼 비용을 자부담으로 내는 경우가 아니라면, 본인이 원해서 교육에 참여했고, 따로 자기 부담을 갖지도 않았기 때문에 프로그램을 제공한 기관에 고마운 마음을 갖게 된다. 따라서 만족도는 높게 나올 수밖에 없다. 성과지표나 목표가 다소 단순한 정량지표에 의지하고 있다는 느낌이 들게 된다. 이것은 포천시만의 사례는 아니다. 대부분 지역에서 이런 단순 지표를 많이 사용한다. 사실 교육 프로그램을 얼마나 잘 시행했고, 시행 후 지역 주민들의 복리가 얼마나 올라갔을까를 수치로 산

정한다는 것은 쉬운 일이 아니다. 하지만 앞서 살펴본 편익 분석을 고려해 지표를 산정한다면 만족도 보다는 프로그램을 하지 않았을 때보다 프로그램을 시행한 후의 주민의 편익이 얼마나 증가했는가를 살펴보고 참가자들의 편익을 단위당 현재 가치로 환산해 얼마 이상 증가하도록 하겠다는 식으로 잡는 것이 더 실질적인 평가가 될 수 있다.

하지만 현장에서는 이런 복잡한 과정을 모든 세부사업에 일일이 적용하기 어렵다. 사실 모니터링 과정에서도 한 가지 사업을 살펴보는데 단 몇 분 정도의 시간 안배밖에 안 되기 때문에 계산식을 이용하기보다는 회의 과정에서 나오는 여러 의견을 종합해 의견을 도출하는 경우가 대부분이다. 보통 모니터링에서는 해당 사업의 성과지표보다는 목표치에 얼마나 도달했는가는 위주로 살펴본다. 목표 자체를 수정하는 경우는 많지 않다. 다만 사업을 시행하면서 사업 내용이 보장계획의 목표와 너무 동떨어지거나, 달성할 수 없거나, 이미 완결된 사업이라면 부득이하게 보정절차를 거쳐 목표 또는 성과지표의 변경을 도모하게 된다. 지역사회보장계획은 4년짜리 중장기계획이기 때문에 사회여건과 환경이 중간에 변할 수밖에 없다. 그런 여건을 고려해 세부사업의 내용을 수정하는 것은 어쩌면 당연한 일이다.

다음의 문서는 포천시에서 모니터링에 사용하는 자체 평가 카드 양식이다.

(사업번호) 세부사업명		담당 부서	모니터링 (종합의견)		
I-1-2 장애인 평생교육 프로그램 확대		평생교육팀	적절		
모니터링 항목		내용			
	사업 내용의 적절성	사업의 배경과 목적이 분명하고, 이에 맞게 내용(사업내용, 성과목표 등)이 적절하게 수립되어 있는가?	■적절	□보통	□미흡
	사업이행 및 변경의 적절성	당초 계획한 내용이 목표대로 이행되고 있는가?	■적절	□보통	□미흡
		계획 대비 사업 내용 변경은 적절한가? (변경한 사업만) (성과지표, 사업내용, 예산 등)	□적절	□보통	□미흡
		모니터링을 통한 환류의 내용과 결과 시행은 적절한가? (해당 사업만)	□적절	□보통	□미흡
모니터링단 종합의견 (환류 포함)		장애인학교 운영 사업으로 예산이 부족한 편이지만 다양한 프로그램을 기획해 시행함으로서 참여자의 만족도가 높은 사업이라 평가됨.			

개인적으로 지역사회보장계획 관련 지역별 컨설팅에 참여한 경험이 있다. 지역사회보장계획은 지역의 복지 관련 고유의 사업이지만, 아이러니하게 평가는 광역지자체나 중앙에서 진행한다. 지역의 사정을 알지 못하는 주체가 해당 지역의 보장계획이 얼마나 잘 만들어지고, 이행되고 있는지 평가한다는 것은 이해가 되지 않는 부분이다. 만일 평가를 잘 받기 위해 지침대로 했다면 과연 그것이 지역의 복지사업과 연동이 되는 것인지 합리적 의심이 든다. 컨설팅이라는 것이 우리 지역 사업에 대한 평가를 미리 살펴보는 것이라면 그리 큰 의미는 없을 것이다. 왜냐하면 컨설팅은 이미 제

출한 서류로 하는 것이니 말이다. 해당 지역 사업에 대한 이해가 그 지역이 사람보다 더 높은 사람은 없을 것이다.

평가를 받기 위해 보고용으로 만든 사업인지 여부보다, 지역 주민의 편익이 얼마나 향상되었나를 보는 것이 더 중요한 것이다. 이런 이유로 지역사회보장계획 자체가 지역에서 부담만 될 뿐 실질적인 면에서 지역의 편익은 별로 없다는 비판이 나온다. 지역사회보장계획의 평가와 비슷한 정책을 꼽는다면 어린이집에서 실시하고 있는 평가인증이 있다. 평가인증은 평가 요소의 대부분이 문서다. 사실 그럴 수밖에 없다. 문서가 아니라면 무슨 수로 평가위원들이 처음 방문하는 어린이집이 얼마나 잘 운영되는지 평가할 수 있을까? 문서는 결과적인 산출물이다. 실행하면서 나오는 것이라기 보다는 사후에 작성하는 것이다. 당연히 자의적인 부분이 들어간다. 어린이집에서는 평가인증을 위해 문서를 보기 좋게 만든다. 어떤 의미에서는 평가를 잘 받기 위한 문서인 셈이다. 이런 경우 평가인증은 일종의 죽은 평가가 될 수 있다. 평가를 잘 받기 위해 자의적으로 만든 문서를 바탕으로 평가를 시행한다면 과연 그것이 제대로 된 평가라 할 수 있을까? 평가는 매우 섬세하고 어려우면서 오랜 시간을 투자해야 하는 전문적인 영역이다. 단 며칠 동안 방문해 작성된 문서를 바탕으로 하기엔 어려운 작업이다. 지역사회보장계획도 비슷하다. 도대체 무엇으로 해당 지역의 보장계획을 평가할 것인가? 결국 평가의 기준은 부서에 작성한 문서가 바탕이다. 백일장만 봐도 잘 쓰는 사람이 있고, 그렇지 못한 사람이 있다. 실제 사업을 어떻게 시행했는가보다 문서작성을 잘 한 것이 지역에서 사회보장에 관한 정책을 잘 수행한 것이라 평가받는다면 과연 옳은 일인가?

공적인 영역에서의 평가는 비용을 절감하고, 비리를 차단하며 효과적인 세금 집행이라는 측면에서 필요한 것이지만, 방법론적으로는 회의적인 요소가 많다. 순위를 매기는 평가를 하기보다는 실행력을 높이기 위한 매뉴얼 제작이나 지자체에서 원하는 세부사업의 모형화 샘플을 제공하는 방안이 고려되어야 할 것이다.

보장계획은 수립에 공을 많이 들이지만, 일단 만들어진 다음에는 4년간 그대로 흘러가는 사업이기 때문에 매년 연차별 시행계획을 통해 세심한 모니터링과 조정이 있어야 한다. 모니터링에는 민과 관이 함께 참여하는 거버넌스의 의미가 강하게 잠재되어 있다. 모니터링 조직을 만드는 것부터 어떤 방식으로 모니터링을 했는지, 얼마나 자주 했는지, 어떤 논의가 있었는지, 모니터링을 통해 도출된 환류를 얼마나 제대로 이행했는지 등의 내용은 모두 결과보고서 담겨 공유된다. 계획서와 결과보고서는 평가를 위한 중요한 문서이기 때문에 작성에 많은 공을 들인다. 하지만 내용이 방대하고, 상위계획이나 법령 등에 관계된 여러 사항을 고려해야 하므로 담당자 혼자만의 힘으로 작성한다는 것은 매우 어려운 일이다. 공무원 사회복지직의 가장 고된 업무 부서로 보장계획을 관장하는 복지기획팀이 거론되는 것은 바로 이런 이유 때문이다. 많은 부서의 사업 결과를 취합하고, 이를 작년에 세워진 계획과 비교해 올해 결과보고를 작성하는 작업은 절대 만만치 않은 일이다. 그래서 공무원인 담당자와 보장협의체 사무국에서는 업무를 어느 정도 분장해 진행한다. 포천시의 경우 대표과업 선정과 환경 변화에 대한 부분, 그리고 컨설팅 반영 사안 등에 관해 사무국에서 작성을 담당하고, 특히 사무국의 담당 간사는 세부사업의 목록을 점검한다. 작년과 비교해 어떤 점에 변화가 있는지에 대해 비교 작성의 업무를 하는 것이다. 시간도 오래 걸리고 봐야 할 문서도 많아 쉽지 않은 작업이다. 결과보고서에 포천시의 우수사업 선정과정에 대한 설명이 비교적 간단한 편이었기에 이를 보완해야 한다는 지적을 받기도 했지만, 우수사업 선정과 관련된 근거와 이유는 명확한 편이었다. 참고적으로 해당 문서를 공유한다.

시행 결과의 대표성과 및 우수사업

(1) 대표성과

□ 경기북부 최초 인문도시 선정

포천시는 교육부에서 주최한 인문도시 지원사업에 경기북부 최초로 선정되어 인문도시 구현에 한 걸음 더 나아감. 경기북부 첫 인문도시 포천이 가지고 있는 풍부한 인문자산을 활용해 품격 있는 인문도시를 만들기 위해 민관협력 체계를 구축함. 지역사회보장계획의 I-1-1 50+세대 인생이모작 프로그램 운영은 40~64세의 은퇴 준비기 및 은퇴 후의 성공적인 인생 후반 준비를 위한 교육, 일자리, 커뮤니티 등의 전문적인 지원 프로그램으로 50+세대의 안정된 노후생활을 유도하는 인문교양과정 프로그램 운영으로 포천시의 인문도시 선정에 기여함.

□ 보훈수당 경기도 최고금액(월 20만 원) 지원

국가보훈부 설립 등 국가정책에 발맞추어 국가보훈대상자 예우 및 지원에 관한 조례를 개정해 제복의 영웅들을 예우하고 지원하는 포천시 보훈수당은 경기도 31개 시군구중 최고금액을 지원하고 있으며, 2026년 월 30만 원 지원을 목표로 추진되고 있음. 시장 공약사항으로 계획 시행 초기부터 예산수립 및 집행에 문제가 없도록 지속적으로 사업을 관리한 결과 I-2-4 보훈수당 확대 사업은 타 지자체에 비해 높은 지급금액으로 대상자의 만족도가 높고 자긍심을 고취시켜 주는 성과를 나타냄.

□ 65세 이상 어르신 교통비 지원

초고령 사회에 대응하기 위해 노인인구 비율이 높은 포천시는 시대의 흐름과 현재 인구구조에 맞추어 관내 만 65세 이상 어르신, 34,696명(2023.

11. 30. 기준)에게 연 최대 20만 원(분기별 최대 5만 원)교통비 지원사업을 추진함. 분기별 사용금액을 최대 5만 원 이내에서 지원하는 사업으로 포천시에 거주하는 65세 이상 어르신을 대상으로 교통비 부담 완화 및 이동권 보장을 통해 활기찬 노후 생활 지원하게 됨. 2023년 3분기부터 어르신 버스교통비 지원사업을 개시했으며 성과율 100%를 달성하는 등 대중교통의 지원이 부족한 지역적 상황을 고려할 때 본 사업을 통해 교통 취약계층인 소외된 지역의 어르신들에게 복지혜택을 줄 수 있게 된 결과로 우수한 성과를 거둠

□ 경기북부 최초 마을복지기금 조성 위원회 구성

포천시 14개 읍면동 중 13개 읍면동이 기금 사용에 관한 위원회가 구성되어 있으며 기금을 통해 취약계층 이웃주민 지원 및 지역사회 현안문제를 해결하고자 읍면동 단위에서 자발적 활동 활성화의 필요성이 대두되어 읍면동 마을복지기금을 조성하게 됨. 포천시는 경기북부에서 최초로 유일하게 기금 사용에 관한 위원회가 구성되어 있으며 복지사각지대 발굴 사업의 한계로 지목되어 온 자원 발굴 후 연계라는 지역적 애로 사항을 타개하기 위한 자발적인 자원조성이라는 점에서 높은 평가를 받고 있음. 부족한 지역의 복지자원에 머물지 않고 지역 내에서 필요한 자원을 만들어 가는 시민력을 갖춘 읍면동 지역사회보장협의체 적극적인 활동을 통해 지역의 복지사업에 활력을 불어넣고 있음. 특히, 복지자원 조성에 소극적이던 지역주민들이 어려운 이웃을 돕는 일이 큰 수고나 비용이 드는 것이 아니라는 점을 인지하고 지역의 자원조성에 긍정적인 결과로 나타나는 성과를 나타냄.

□ 종합적으로 포천시는 초고령사회에 대응하고, 은퇴 준비 및 은퇴 후 안정된 노후생활을 영위할 수 있도록 민·관협력체계를 구축해 나아가고 있으며, 국가정책에 발맞추어 국가를 위해 헌신한 국가보훈대상자에 대해 최고의 예우로 자긍심 고취와 어르신들의 활기찬 노후를 위

해 교통비 지원함은 물론이고, 마을복지기금 조성을 통한 나눔문화 확산을 실천하는 등 포천시만의 지역복지정책을 수립하고 실천해 나 감으로써 시민 모두가 누리고, 함께 돌보는 더 큰 포천을 만들어 나아 가고 있음

〈포천시의 노력〉

□ 제5기 포천시 지역사회보장계획(2023~2026)의 첫해로서 2023년 연차별 시행계획의 실효성을 확보하기 위한 노력의 결과
  ○ 2023년 연차별 시행계획 시행을 위한 예산 확정 후 실제 사업을 시행하기 위해 노력했으며 2023년 연차별 시행계획의 시행 결과 평가를 통해 지역사회보장계획 이행에 대한 책임성 강화 및 지역사회보장의 질적 수준을 높이는 한 해로 평가됨
  ○ 경기도의 컨설팅을 통해 나타난 미진한 부분과 보완사항에 대해 권고를 적극 반영, 시행하고자 노력했음
  ○ 계획수립 이후 바뀐 지역의 환경과 상황에 내해 유연하게 대처하기 위해 노력한 한 해라 할 수 있음
  ○ '23년 연차별 시행계획 모니터링 기능을 보완하기 위해 각 사업별 팀장을 모두 공공 모니터링단으로 추가해 이행점검 모니터링 및 시행 관련 세부사업에 대한 설명 및 점검, 결과환류가 원활하게 이루어져 민관의 협치가 이루어질 수 있도록 모니터링의 기능을 보강했음

□ 우리 지역의 여건을 감안한 사업의 시행
  ○ 계획 수립 이후 지역적 여건의 변화와 여러 방해 요인을 우회하기 위해 노력한 것으로 보임
  ○ 시장 공약 사항 사업의 변화 따른 계획의 내용 수정이 불가피한 것으로 판단되어 치매전담요양시설 건립 사업은 폐지하기로 하고 관

련 신규 사업을 추진하기로 함.

□ 발전방안의 확보
  ○ 민관의 협치를 통한 계획 시행의 실행력 확보
  ○ 수요자 중심의 실효성 있는 사업의 시행
  ○ 지역사회보장협의체 실무분과를 통한 사업 홍보 및 간담회 개최 등을 통해 대 시민 공감확보
  ○ 내실있는 사업 시행을 위한 모니터링 내용의 환류 신뢰도 높임

□ 기본생활 보장의 질 향상
  ○ 기초생활 유지에 대한 어려움을 겪는 수준과 이에 대한 외부지원 및 서비스 필요성이 높게 나타나 기본생활을 보장하는 함께사는 포천 지원체계 구축을 위해 저소득층 긴강보험료 지원, 신혼부부 전월세 보증금 대출이자 지원, 만65세 이상 어르신 버스교통비 지원, 보훈수당 확대, 다자녀가정 보건기관 의료비 본인부담금 면제 의 사업을 수행했음.
  ○ 효과적인 사업 수행을 위해 조례 제·개정을 통해 사업 실행의 기반을 마련했으며, 적극적인 홍보 진행으로 참여 대상자의 사각지대를 좁혀 나가고 있음.

□ 포천시민 돌봄 강화
  ○ 경기도의 모든 도민에게 "누구나 돌봄" 체계 구축에 앞장서 함께 돌보는 커뮤니티케어 도시 포천을 구축하기 위해 포천 시민의 돌봄 서비스를 강화하고자 찾아가는 경로당 주치의제, 발달장애인가족 휴식기 지원사업 등의 사업을 수행했으며, 아동,노인, 장애인의 돌봄에 어려움을 겪는 수준과 이에 대한 외부 지원 및 서비스 필요성에 대한 욕구를 충족시킬 수 있었음.

(2) 지자체 선정 우수사업

□ 우수사업 개요(세부사업 단위)

순위	과제번호	사업명
1순위	I-2-3	만65세 이상 어르신 교통비 지원사업
2순위	I-2-4	보훈수당 확대
3순위	II-3-2-1	복지사각지대 지원을 위한 복지기금 조성·지원

□ 우수사업 선정 과정
  ○ 연차별 시행계획 결과확인 모니터링회의에서 세부사업별 담당부서에서 제출한 자료 및 실무협의체 의견 검토를 거쳐 우수사업 및 우선순위 선정함.
  ○ 우수사업으로 선정하기 위한 자체 평가지표를 수립해 이를 적용함.
  ○ 연차별 시행계획 결과확인 모니터링 회의(23. 12. 27.), 실무협의체 회의(24. 1. 17.)

지역사회보장계획을 모니터링하는 현장에서는 거버넌스가 제대로 이루어지지 않는 경우를 종종 경험한다. 이 말은 공공에서 잘 참여하지 않는다는 의미다. 민간의 참여는 어느 지역이나 모두 적극적이고 열심이지만, 공공은 의외로 그렇지 않다. 이것은 참 이상한 일이다. 사실 세부사업은 공공에서 담당하고, 시행하는데 잘 이행되고 있는지 점검하는 회의에는 참여하지 않는 것이다. 업무를 하지 않는 민간 위원들이 주로 회의에 참석해 의견을 개진한다. 그래서 회의가 공전하는 경우가 많다. 이러는 이유는 무엇일까?

공공 위원인 공무원들은 모니터링의 의미를 업무에 대한 간섭 또는 민간에서의 업무 평가 등으로 인식하는 경향이 있다. 그래서 부담스럽다는 반응이 많다. 그럴 수 있다. 민간에서는 간혹 "공공에서 왜 그렇게 했느냐? 왜 하지 않느냐?" 등으로 말할 수도 있기 때문이다. 하지만 계획을 수립하는 과정에서 이미 민간인 주민들의 욕구나 의견을 들어 계획 내용에 반영했기 때문에 해당 사업은 공공만 단독적으로 시행하는 것이 아니다. 주민들의 욕구나 복지 수준 향상이라는 대전제가 깔려 있다. 사실 담당 공무원보다 해당 세부사업을 잘 아는 전문가는 없다. 당연히 전문가인 공무원들이 민간에게 현재 이 사업에 어떻게 진행되고 있는지 알려 주어야 하고, 문제점이 무엇인지, 어떤 어려움이 있는지 공유해 줄 필요가 있다. 물론 민간 위원들도 공무원이 업무를 시행하면서 무엇이 어려운 점이고, 사업이 잘 이행되기 위해 무엇을 도와주어야 하는지 긍정적인 자세로 임해야 한다. 지적하고, 평가하고, 감시하는 듯한 태도는 취하지 말아야 한다.

과거 모 지역에 연차별 시행계획의 모니터링을 컨설팅하기 위해 갔던 적이 있다. 서류상으로는 아주 훌륭하게 모니터링이 잘 진행되고 있는 것으로 나타나 있지만, 실제로는 모니터링을 거의 하지 않을뿐더러 공무원 위원들은 전혀 참여하지 않는다는 이야기를 들었다. 이유가 무엇이냐 물었더

니 공무원들은 민간 앞에서 자신의 업무에 대해 이야기 하는 것 자체를 부담스러워하고, 싫어한다고 답했다. 상급기관에 제출하는 결과보고, 계획서에는 분명 민관이 함께 거버넌스 차원에서 협력한다고 적어 놓았지만, 실제로는 전혀 민간과의 협력이나 협업은 없었다. 공공이 단독적으로 시행하고, 평가하고, 결과를 작성했다. 이런 일은 무척이나 우려스럽고, 안타까운 것이다. 아직도 민간과 공공이 어떤 면에서 누가 더 우월한가를 놓고 경쟁적인 마음을 가지고 있다면 그런 지역에서의 협업이나 협력은 기대하기 어렵다. 그렇다면 지역의 주민들이 누려야 할 지역복지의 여러 정책적인 혜택들은 물거품이 되고 말 것이다.

4) 컨설팅 및 기타 반영 사항

연번	컨설팅 내용	반영 결과
1	시행계획 모니터링 및 자체평가 시 강조하고자 하는 주안점 및 방향을 구체적으로 제시 필요	-자체평가에서 나온 검토 의견들에 대한 후속 조치가 실질적으로 이루어질 수 있도록 이행점검 모니터링, 시행결과 모니터링 실시 및 실무협의체 의견과 사업담당자와의 의견교환을 통해 사업 수행 관리 ·이행점검모니터링회의 23.10.19. ·시행결과확인 모니터링회의 23.12.27.
2	성과지표의 대부분이 산출지표 구성되어 있음	-단순한 산출지표(건, 횟수)로 구성되어 있는 지표를 질적인 성과(만족도 조사, 참석률 등)를 측정하여 확인할 수 있는 질적 지표로 개선함 ·Ⅱ-1-2-2 산모의료급여 수급자 의료급여제도 교육실시 성과지표 교육실시횟수->교육이수율로 변경 ·Ⅱ-1-1-2 중장년 1인가구 돌봄체계 구축 만족도측정대상자없음-> 기기운영담당공무원의 만족도 측정으로 변경
3	대표성과 및 우수사업 선정 시 실무협의체 혹은 별도의 TF를 통해 심도 있는 검토 필요	-2023년 연차별 시행 결과 평가 관련, TF팀과 모니터링단 구성(23.9.1.) - 23.12.27. 연차별 시행계획 결과확인 모니터링 회의에서 세부 사업별 담당부서에서 제출한 자료를 바탕으로 실무협의체 의견 검토를 거쳐 우수사업 선정 ·실무협의체 회의(24.1.17.)
4	계획수립, 시행계획 모니터링, 자체평가 TF 구성 시 지역주민 참여 확대 필요	-다양한 방안을 모색할 수 있도록 지역주민의 역할을 구체화하여 참여할 수 있도록 TF팀에 지역주민 2명 포함(양적확대) -실질적 참여 수준을 높이기 위한 지역주민의 구체적 역할 부여(질적확대)

포천시의 연차별 시행계획 컨설팅 반영사항

3) 2023년 계획 수립 후 환경 변화

○ 지역사회보장 환경 변화
- 관내 전문 육아 지원기관인 포천시육아종합지원센터, 국공립어린이집, 아이사랑놀이터 등의 시설이 포함된 포천시 통합육아지원센터 건립을 통해 아이낳고 키우기 좋은 보육 환경을 조성하여 저출생 및 인구감소 등의 문제에 선제적으로 대응함.
- 초등학교 방과 후 틈새 돌봄으로 초등돌봄 사각지대 해소를 위한 포천시 다함께돌봄센터 2개소(영북면, 포천동) 신규 설치 운영
- 포천시는 지리적으로 복지관련 시설 이용에 접근성이 떨어지는 등 지역적 격차가 심한 편임. 장애인들에게 장애 특성에 적합한 맞춤형 서비스를 제공하기 위하여 장애인복지관 건립을 추진하였으며 생활SOC복합화 사업에 공모하여 통합센터를 건립하게 됨. 이에 접근성을 높이고 유형별로 다원화 되어 있는 사회복지서비스를 한곳에서 포괄적으로 제공하여 누구나 쉽고 편리하게 이용 할 수 있는 사회복지 인프라를 구축함.
- 잇따른 여성피해 범죄 사건 및 신림동 사건, 묻지마 흉기난동 사건 등으로 안전에 대한 관심도가 높아짐. 이와 관련하여 여성안심 귀갓길 관련 수요가 증가하여 기존 여성안심 귀갓길에 대한 정비 필요성이 증대됨. 이에 여성 및 사회적 약자의 안전을 위하여 안전 사업의 통합적 운영을 위한 안전부서 간 실무협의체를 구성하고 민·관이 협력하여 쾌적하고 안전한 안심거리 조성 추진함.(안심길 표지판 설치, 어두운 골목길 태양광센터등 설치, 로고젝터 및 안심벨 설치, 도로도색 등)
- 인문중심 평생학습 기반 구축을 위해 포천시 교육커뮤니티센터 건립을 추진하였으며, 청소년 정책, 활동, 복지, 진로 사업의 통합적·전문적 관리를 위해 청소년재단 설립을 추진함.

포천시의 계획수립 후 환경 변화 작성 예(사무국 담당)

연차별 시행계획의 모니터링을 진행하기 전에 가능하면 위원들에게 사전 교육을 할 필요가 있다. 새로 위촉된 위원이 있을 수 있고, 활동했던 위원이라도 본인의 업무가 아니므로 내용을 잘 이해하지 못할 수 있기 때문이다. 또한, 민간과 공공의 담당해야 할 분야와 협업에 관한 사항들도 사전에 공유해 오해나 억측이 없도록 해야 할 것이다. 아무래도 이런 일은 사무국에서 담당해야 할 것이다. 아래 문서는 모니터링 시 사전에 교육하는 자료를 제시한 것이다.

'연차별 시행계획 이행점검 모니터링'을 하는 이유는 다음과 같습니다:

1. 계획의 실효성 확보
- 수립한 연차별 시행계획이 실제로 **현장에서 이행되고 있는지를 확인**해, 계획이 단지 문서에 그치지 않고 **현실에 적용되도록** 합니다.

☑ **2. 목표 달성도 평가**
- 시행계획에 설정된 성과지표(KPI)나 **세부 과제**에 대해 얼마나 **성과가 있었는지 측정**해, 목표에 가까이 가고 있는지를 평가합니다.

☑ **3. 문제 조기 발견 및 개선**
- 이행과정에서 발생하는 **문제점이나 미흡한 부분을 조기에 파악**하고, 필요한 경우에는 **계획을 수정하거나 보완**합니다.

☑ **4. 책임성·투명성 확보**
- 각 부서나 관련 기관의 **책임 있는 이행 여부를 확인**함으로써, 행정의 **책임성과 투명성을 높입니다.**

☑ **5. 정책 신뢰성 강화**
- 모니터링 결과를 바탕으로 시민이나 이해관계자에게 **성과를 공유**하면, 정책에 대한 **신뢰와 참여를 유도**할 수 있습니다.

☑ **6. 다음 연도 계획 수립에 반영**
- 점검 결과는 **다음 연차 계획 수립의 기초자료**가 되어, 보다 **현실적이고 실행 가능한 계획**을 만들 수 있도록 도와줍니다.

KPI란?

KPI는 조직의 목표를 달성하기 위해
성과를 측정하는 핵심적인 지표를 의미합니다.

쉽게 말해, KPI는 조직이 성공적으로 목표를
이루고 있는지를 판단할 수 있게 해주는 수단입니다.

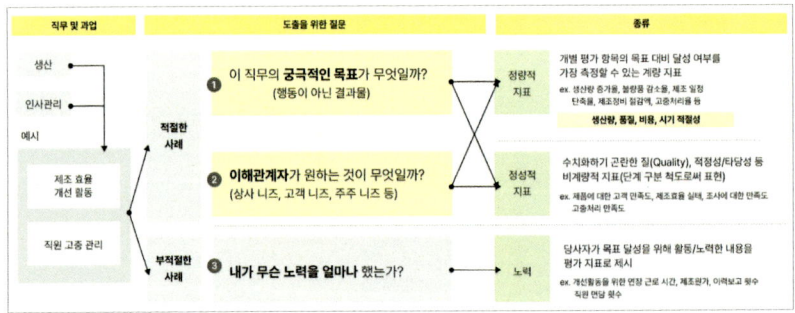

연차별 시행계획 이행점검 체크리스트

점검 항목	세부 내용	점검 방법	점검 결과	비고
과제 이행 여부	해당 사업이 연차별 계획에 따라 실제 추진되었는가?	계획 vs 실적 비교		
이행률	계획된 추진 내용 중 어느 정도 완료되었는가? (완료/진행/미이행)	사업 실적 보고서 확인		
성과지표 달성도	설정된 KPI 지표가 얼마나 달성되었는가?	정량 지표 점검		
예산 집행률	사업에 배정된 예산이 적절하게 집행되었는가?	예산서 및 집행 내역 확인		
협업 및 연계 추진	관련 부서·기관과의 협력이 이루어졌는가?	회의록, 협약서, 인터뷰		
주민 참여 여부	주민 의견 수렴 및 참여가 이루어졌는가?	설문조사, 참여 내역		
주민 체감도	주민들이 사업의 효과를 인식하고 있는가?	만족도 조사, 인터뷰		
성과 분석 및 문제점 도출	성과 분석이 이루어졌으며, 문제점이 명확히 기록되었는가?	내부보고서 확인		
개선방안 제시 여부	부진 사업에 대해 보완 또는 재설계 계획이 수립되었는가?	재계획서 검토		
법령 및 행정절차 준수	관련 지침, 행정절차 등을 적절히 따랐는가?	관련 문서 검토		

☑ **평가기준 (예시)**

- ○ (양호): 계획대로 이행, 성과 달성, 자료 명확
- △ (보통): 일부 이행 또는 보완 필요
- × (미흡): 미이행, 성과 부족, 자료 부재

모니터링 시 점검해야 할 상위 계획 및 지표

1. 중장기 기본계획과의 연계성
- 예시: 「제5기 지역사회보장계획(4년 단위)」, 「포천시 종합발전계획」
- 연차계획은 보통 이러한 4~5년 단위 중장기 계획을 세분화한 것이므로,
  - 과제의 방향이 중장기 목표와 **부합하는지**
  - 상위 목표와 **일관성 있게** 세부 지표가 설정되었는지를 반드시 점검해야 합니다.

2. 국가 정책 및 법정 지표와의 부합성
- 예시:
  - 보건복지부 「지역사회보장계획 수립지침」
  - 「지방자치단체 복지분야 평가 지표」
  - 「국가균형발전 종합계획」
  - 「포용적 복지국가 실현을 위한 중장기 비전」
- 점검 포인트:
  - 상위 정부 계획의 **핵심가치**(예: 포용성, 지속가능성, 형평성)반영 여부
  - 정책목표(예: 사회안전망 강화, 아동 돌봄 확대 등)와의 정렬 여부

3. 지자체 비전 및 목표와의 일치성
- 예시:
  - 포천시 비전: "사람이 중심인 지속가능한 도시"
  - 포천시 복지정책 5대 목표 등
- 점검 포인트:
  - 연차계획이 시/군이 설정한 정책목표와 **방향성 일치**
  - 계획의 핵심 과제가 지자체 중점사업과 **우선순위가 맞는지**

4. 성과지표(KPI)와의 정합성
- 예시 성과지표:
  - 고용률, 기초생활수급자 감소율, 지역돌봄 이용률, 긴급복지 연계 건수 등
- 점검 포인트:
  - 지표가 SMART(구체적, 측정 가능, 달성 가능, 현실적, 기한 명시)한지
  - 상위계획의 목표지표와 하위 연차계획 지표가 **연결 구조**를 갖고 있는지
  - 정량적 수치로 관리되고 있는지

5. **지역특화지표 또는 자체개발 지표**
    - 각 지자체는 지역 특성을 반영해 **자체적으로 지표를 개발**하기도 합니다.
    - 예:
        - "지역사회보장협의체 활동 건수"
        - "마을복지계획 수립률"
        - "복지사각 발굴 사례 수"
    - 점검 포인트:
        - 이 지표들이 상위계획이나 법정 지표와 **내용적으로 정합성**을 갖추는지
        - 지표 간 **중복 또는 누락**이 없는지

사회복지법인
외부추천이사

지역사회보장협의체의 역할 중 법적 규정으로 반드시 해야 하는 업무 중의 하나가 사회복지법인의 외부추천이사를 추천하는 것이다. 사회복지법인에 외부 사람을 이사로 추천하는 제도는 유명한 도가니 사건에서 비롯되었다. 이 사건은 2011년 영화로 제작되면서 세상에 알려지기 시작했는데, 광주의 청각장애인 특수학교인 인화학교에서 교직원들이 장애 학생들을 장기간 성폭행하고, 학대한 사건이다. 장기간 범죄가 있었는데 외부로 알려지지 않은 이유가 바로 사회복지법인에서 운영한 학교의 폐쇄성 때문이었다는 것이 사건의 핵심이었다. 부실한 이사회와 감독기관의 관리 미흡도 문제로 지적되었다. 당시 인화학원의 이사진은 모두 친인척으로 구성되어 있었고, 외부의 감시 기능은 전혀 없었다. 이사장은 절대 권한을 행사했고, 시설과 인사, 예산을 마음대로 주물렀다. 지자체의 감시도 형식적인 점검에만 머물러 오랜 기간 피해 학생들은 고통 속에 지내야 했다.

제도 개선에 대한 논의는 2012년부터 시작되었다. 논의의 결과 2013년 「사회복지사업법」이 개정되었고, 외부추천이사 제도가 도입되었다. 새로 도입된 외부추천이사 제도는 이사 중 1/3 이상을 외부기관이 추천한다는 내용이 골자다. 시설장의 자격 기준도 강화했고, 인권지킴이단을 운영한다는 내용도 들어있다. 그렇지만 현장에서 보면 외부추천이사 제도가 과연 실효성이 있는가에는 의문이 있다. 추천받은 외부이사들이 이사회의 전반적인 운영에 관여하거나 감독한다는 것이 어렵기 때문이다. 지역사회보장협의체 사무국 입장에서는 사회복지법인의 외부이사 추천권을 지역사회보장협의체만 가지고 있으므로 법적으로 반드시 시행해야 하는 업무가 되었다.

도가니 사건이 국민에게 공분을 산 것은 피해자가 분명히 있는데도, 가해자들의 처벌이 너무 솜방망이였다는 점이었다. 특히 가해자의 정점이었던 교장의 경우는 집행유예로 풀려난 뒤 지병으로 사망해 아무런 처벌을 받지 않았다. 하지만 시간이 지나면서 사회복지법인도 자정 노력을 기울이며 변모했고, 우리 사회적인 여러 제반 여건들도 좋아졌다. 외부추천이사 제도가 제대로 된 사회복지법인의 감독을 하기 위해서 초기의 법적 취지는 살리되 현실적으로 내용을 보강하는 노력이 필요하다. 그렇다고 사회복지법인이 대부분 문제가 있다는 것은 아니다. 사실 일부 법인의 문제를 모든 법인에 적용하는 것은 일반화의 오류처럼 지나친 감이 있다.

사회복지법인의 외부추천이사는 보건복지부의 보장협의체 운영 매뉴얼상에 자세히 나와 있다. 여기서는 포천시에서 시행했던 외부추천이사 후보자 기본교육 자료 중 일부를 인용하기로 한다.

외부추천이사제도의 도입 배경

외부추천이사제도는 사회복지법인의 투명성과 공공성을 강화하기 위해 도입된 제도로, 이사 정수의 1/3 이상을 외부에서 추천받은 인사로 구성하도록 하는 제도이다. 이를 통해 법인 운영의 투명성과 책임성을 제고하고자 한다.

1	사회복지법인 운영의 투명성 문제	- 일부 사회복지법인의 불투명한 운영 사례 발생 - 법인 재산의 사적 유용 문제 지속 제기 - 폐쇄적 의사결정 구조로 인한 감시 기능 미흡
2	기존 이사회 구성의 한계	- 친인척 중심의 이사회 구성으로 견제 기능 약화 - 설립자 및 특정 집단 중심의 의사결정 구조 - 전문성 부족 및 다양한 이해관계자 참여 제한
3	외부추천이사제도 도입의 사회적 요구	- 사회복지서비스 이용자의 권익 보호 필요성 - 공적 자금 지원에 따른 투명성 요구 증가 - 지역사회와의 소통 및 협력 강화 필요성
4	제도 도입의 법적 과정	- 2011년 사회복지사업법 개정을 통한 도입 - 헌법재판소의 위헌 결정(2014년) 이후 재정비 - 2018년 개정법 시행으로 제도 안정화

외부추천이사제도의 법적 근거

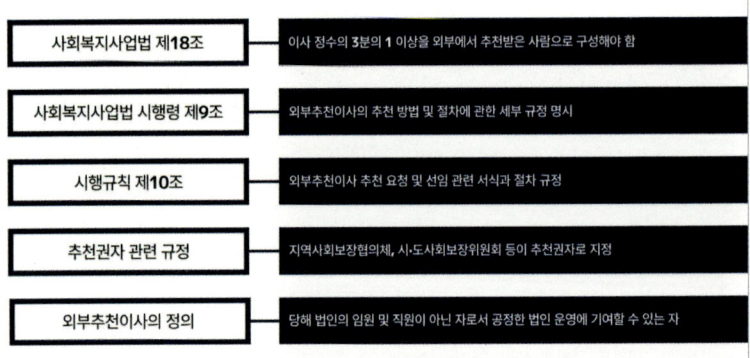

사회복지사업법 제18조	이사 정수의 3분의 1 이상을 외부에서 추천받은 사람으로 구성해야 함
사회복지사업법 시행령 제9조	외부추천이사의 추천 방법 및 절차에 관한 세부 규정 명시
시행규칙 제10조	외부추천이사 추천 요청 및 선임 관련 서식과 절차 규정
추천권자 관련 규정	지역사회보장협의체, 시·도사회보장위원회 등이 추천권자로 지정
외부추천이사의 정의	당해 법인의 임원 및 직원이 아닌 자로서 공정한 법인 운영에 기여할 수 있는 자

외부추천이사의 자격 요건

외부추천이사 자격 기준 및 결격사유

외부추천이사는 사회복지법인의 투명하고 공정한 운영을 위해 도입된 제도로, 법인과 독립적인 위치에서 객관적 시각을 제공할 수 있는 인물이어야 한다. 사회복지사업법 제18조 및 제19조에 따라 자격 요건과 결격사유가 명확히 규정되어 있으며, 이를 통해 법인 운영의 공공성과 전문성을 강화하고자 한다.

외부추천이사는 당해 법인의 임원 및 직원이 아닌 자로서, 특히 설립자나 친인척 관계가 아닌 독립적 인사여야 한다. 또한 사회복지, 법률, 재무·회계 등 관련 분야의 전문성을 갖춘 인물을 선임하도록 권장하고 있다.

전문성과 독립성 확보 방안

- 사회복지사업법 제19조의 임원 결격사유 해당하지 않을 것
- 당해 법인의 설립자, 임원 및 직원과 친인척 관계가 아닐 것
- 법인 운영과 관련한 이해관계가 없을 것
- 사회복지, 법률, 재무·회계 등 관련 분야 전문성 보유
- 지역사회 내 공신력 있는 인사일 것
- 공정하고 객관적인 시각으로 법인 운영에 기여할 수 있는 자
- 타 법인의 외부추천이사 겸직 제한

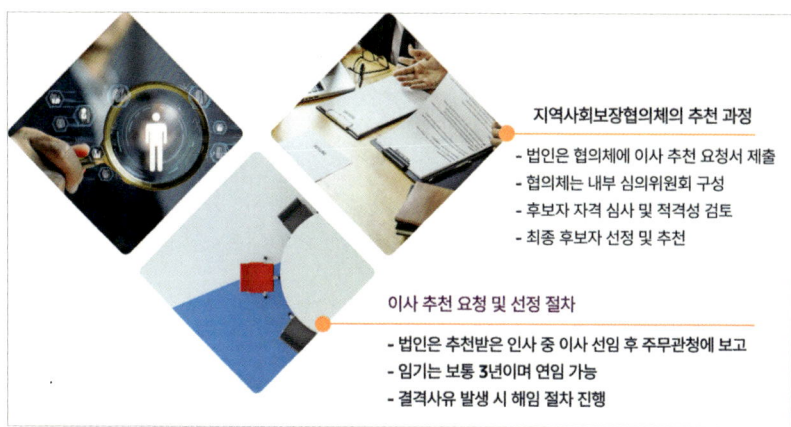

지역사회보장협의체의 추천 과정
- 법인은 협의체에 이사 추천 요청서 제출
- 협의체는 내부 심의위원회 구성
- 후보자 자격 심사 및 적격성 검토
- 최종 후보자 선정 및 추천

이사 추천 요청 및 선정 절차
- 법인은 추천받은 인사 중 이사 선임 후 주무관청에 보고
- 임기는 보통 3년이며 연임 가능
- 결격사유 발생 시 해임 절차 진행

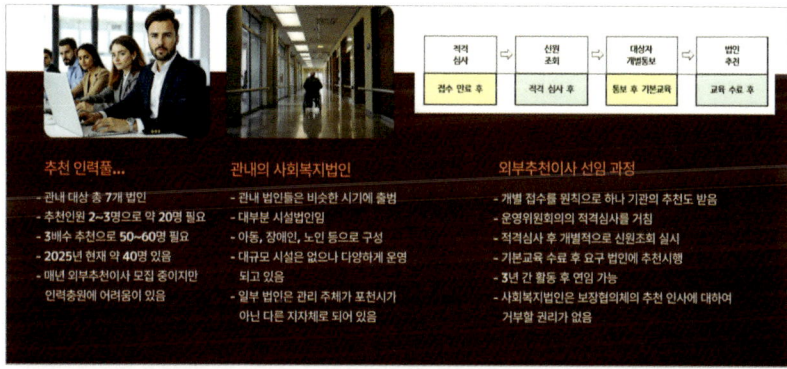

적격 심사	신원 조회	대상자 개별통보	법인 추천
접수 완료 후	적격 심사 후	통보 후 기본교육	교육 수료 후

추천 인력풀
- 관내 대상 총 7개 법인
- 추천인원 2~3명으로 약 20명 필요
- 3배수 추천으로 50~60명 필요
- 2025년 현재 약 40명 있음
- 매년 외부추천이사 모집 중이지만 인력충원에 어려움이 있음

관내의 사회복지법인
- 관내 법인들은 비슷한 시기에 출범
- 대부분 시설법인임
- 아동, 장애인, 노인 등으로 구성
- 대규모 시설은 없으나 다양하게 운영되고 있음
- 일부 법인은 관리 주체가 포천시가 아닌 다른 지자체로 되어 있음

외부추천이사 선임 과정
- 개별 접수를 원칙으로 하나 기관의 추천도 받음
- 운영위원회의 적격심사를 거침
- 적격심사 후 개별적으로 신원조회 실시
- 기본교육 수료 후 요구 법인에 추천시행
- 3년 간 활동 후 연임 가능
- 사회복지법인은 보장협의체의 추천 인사에 대하여 거부할 권리가 없음

법인 운영 투명성 증진 효과
- 재정 운영의 투명성 제고로 회계 부정 사례 감소
- 정보공개 확대로 법인 운영에 대한 접근성 향상
- 외부 감시 기능 강화로 불법·부당 행위 예방 효과
- 후원금 사용의 투명성 확보로 신뢰도 상승

의사결정 과정의 변화
- 일방적 의사결정에서 협의적 의사결정으로 변화
- 다양한 이해관계자의 의견 수렴 과정 정착
- 이사회 회의 진행 방식의 공식화·체계화
- 의사결정 과정에서 전문적 검토 절차 강화

전문성 활용의 성과
- 법률, 회계 등 전문지식 활용
- 서비스 품질 개선 방안 도출
- 경영 효율화 전략 수립 지원
- 위기관리 역량 강화

지역사회 연계 강화
- 지역사회 자원 연계 활성화
- 지역 내 복지 네트워크 확대
- 지역주민 참여 기회 확대
- 지역 특성 반영한 서비스 개발

제도 운영상의 한계점
- 형식적 운영 사례 존재
- 전문성 있는 인재 확보 어려움
- 법인과의 소통·협력 부족
- 권한과 책임 범위 불명확

제도의 취지에도 불구하고 운영상 한계는 분명히 있다. 일단 가장 문제는 외부추천이사들이 이사회 내에서 어떤 역할을 해야 하는지 권한과 책임이 모호하다는 점이다. 또한, 지방 소도시의 경우 전문가가 많지 않기 때문에 사회복지법인 외부추천이사 후보자를 찾기 어렵다는 한계도 있다. 사실 규모가 큰 법인의 경우는 봐야 할 서류도 많고, 회계장부도 적지 않아 명예직인 외부추천이사가 제대로 감독업무를 하기 어려운 것도 현실이다. 또한, 지역사회의 인식과 연계도 부족한 편이다. 사회복지법인의 문제를 외부추천이사 홀로 모두 책임지고 감독한다는 것은 무척 힘든 일이다. 지역사회에서도 지역의 자원으로서 사회복지법인을 인식하고 올바른 운영이 될 수 있도록 함께 외부추천이사에게 힘을 실어주어야 한다. 하지만 사회복지법인들은 지역에서 토착화, 현지화되어 운영되는 경우가 많아 지역사회의 견제 기능은 발휘되기 어려운 것이 현실이다.

현실적인 업무로 보면 아무리 외부추천이사를 모집한다는 공고를 내도 지원하는 사람이 거의 없다는 것도 문제다. 1년 내내 공고를 하고 있지만, 한 해에 한두 명의 새로운 지원자를 찾기도 쉽지 않다. 어찌 보면 당연한 일이다. 본인의 생업이 있는데 보수도 없는 명예직 외부추천이사를 사명감을 가지고 지원할 만한 전문가가 얼마나 있을까? 외부추천이사는 사회복지법인의 요구가 있을 때 3배수의 인원을 추천한다. 지역사회보장협의체로부터 이사를 추천받은 법인은 적합하다고 판단되는 사람을 이사로 선임하게 된다. 그래서 이론상으로 보면 지역사회보장협의체는 관내 사회복지 법인이 요구하는 외부추천이사 인원의 3배 이상의 인력풀을 가지고 있어야 한다. 하지만 실제 이렇게 많은 인원을 인력풀로 운용하는 지역은 많지 않다. 제도의 취지는 좋지만, 운용상에는 여러 문제점과 제약이 있는 것이 바로 외부추천이사 제도라 할 수 있다. 상황이 어렵지만, 시·군·구 지역에서 외부추천이사를 추천하는 기관은 지역사회보장협의체밖에 없으므로 이 업무는 사무국에서 해야 하는 주요 업무다.

또 한 가지 예민한 문제는 사회복지법인이 지역사회보장협의체에서 추천한 외부추천이사를 거부할 수 있느냐는 것이다. 실제로 그런 경험이 있다. 모 법인에서 두 번이나 적격인물이 없다면서 다른 사람을 추천해 달라고 요청했던 것이다. 담당 부서와 상의해 보건복지부에 질의까지 했다. 질의 결과 사회복지법인은 지역사회보장협의체가 추천한 외부추천이사를 거부할 권리가 없다는 답을 받았다. 해당 법인에는 공문으로 다시 거부할 경우 보건복지부에 관련 내용을 통보하겠다는 내용을 보냈고, 그런 다음에야 해당 법인에서 지역사회보장협의체가 추천한 사람 중에서 외부이사를 선임한 적이 있다.

지역사회보장협의체 사무국의 업무에 관해

지역사회보장협의체 사무국은 지역사회보장협의체의 지원업무를 맡는 곳으로 크게 사업과 관리, 그리고 조직으로 나누어 생각해 볼 수 있다. 사무국 조직은 보건복지부의 운영 매뉴얼 상으로는 사무국장과 팀장, 간사 등의 직으로 나누어진다. 사무국의 결재체계는 일반적으로 간사에서 팀장, 사무국장과 실무위원장 그리고 민간 공동위원장으로 이어진다. 업무 매뉴얼에 보면 40만 원 이하 소액은 사무국장이 전결로 처리한다. 이러는 이유는 실무위원장이나 민간 공동위원장이 상근직이 아니기 때문이다.

그렇지만 대부분의 계획안이나 결과보고서는 전결 없이 결재 체계의 모두가 사인한다. 사무국 업무 대부분은 민간 공동위원장 결재로 종결되지만, 예산이 관련된 사안의 경우는 그렇지 않다. 예산권을 가지고 있는 지자체의 결재를 협조라는 이름으로 다시 받게 되고 결과적으로는 지자체장의 결재가 있어야 최종 승인이 난다.

구분	업무내용	결재권자			비고
		사무국	실무위원장	대표위원장	
업무관리	**협의체 운영계획**				
	운영 계획의 수립		○		
	운영 계획의 확정			○	
	확정된 계획의 시행	○			
	협의체 회의				
	대표협의체 상정안 마련		○		
	대표협의체 회의 개최 및 결과보고			○	공공
	실무협의체 상정안 마련	○			
	실무협의체 회의 개최 및 결과보고		○		
	실무분과회의 개최		○		
	전체(연석)회의 개최 및 결과보고			○	공공
	업무 처리 및 협조				
	기관 중재안 통보			○	공공
	기관간의 협조사항 처리	○			
사업관리	**사업의 시행**				
	지정사업 및 결연사업의 계획		○		
	지정사업 및 결연사업의 확정			○	
	확정된 계획의 시행	○			
	홍보 활동				
	자체(협의체 분과위원 이상 대상)		○		
	대회(매체 활용 및 발간)			○	
	교육 활동				
	자체(실무위원 및 분과위원)		○		
	대외(협의체 위원 및 외부인원 교육)			○	공공
	조사연구				
	조사연구계획의 수립		○		
	조사연구계획의 확정			○	공공
	조사연구사업의 시행		○		
	조사연구사업의 결과보고			○	공공

구분	업무 내용	결재권자			비고
		사무국	실무위원장	대표위원장	
사무관리	**사무관리**				
	문서의 통제	○			
	인장관리	○			
	기관의 자료수집 및 요청	○			
	각종 장부의 기장확인 및 증빙확인		○		
	사무실 관리운영	○			
	예산 결산				
	예산 결산의 총괄			○	시·군·구 담당 팀장 협의
	예산 편성과 교부신청			○	
	예산의 정산보고			○	
	추경예산안 편성			○	
	구입과 지출				
	물품의 구입과 지출	○			
	정기지출(제세공과금, 기금, 급여 등)	○			
	사무실 운영 및 회의 운영	○			
	위원참석수당 지급	○			
	예산의 집행				
	예산의 집행(400천원 초과)		○		
	예산의 집행(400천원 미만)	○			
직원관리	직원의 관리				
	직원의 채용 계획		○		
	직원의 채용 및 임용			○	시·군·구 담당자협의
	직원의 연가 및 출장, 파견근무		○		
	직원의 복리후생		○		

* 비고란의 '공공'은 공동위원장(민간, 공동) 결재를 의미함

사무국의 사업은 대부분 회의 운영과 실무분과 또는 읍·면·동 보장협의체의 사업으로 이루어진다. 읍·면·동 보장협의체의 사업은 해당 지역의 공공 간사들이 챙기고 있으므로 사무국에서 직접 개입하는 경우는 많지 않다. 회의 개최의 경우 사전에 공문을 발송하고, 회의 장소와 회의 진행을 지원하고, 회의록 작성을 돕는 일을 사무국이 하게 된다. 실무분과 회의록 작성은 분과의 총무가 맡아서 하지만, 실무협의체와 대표협의체 회의는 사무국에서 해야 한다. 대표협의체의 경우 속기록을 동원하기도 하고 대부분 지역에서 회의 내용을 녹취해 회의록 작성에 활용하기도 한다. 실무협의체 회의는 의결하는 회의가 아니므로 녹취까지는 하지 않는다. 아무리 그렇다고는 해도 꼼꼼하게 회의록은 작성하고 있다.

실무분과의 경우는 회의 개최 공문만 발송하는 경우가 대부분이지만, 실무협의체와 대표협의체는 회의 개최 계획안을 작성하고, 회의를 마친 후에는 회의록을 첨부한 회의결과보고서를 작성한다. 이렇게 하는 이유는 실무협의체와 대표협의체의 경우 회의 수당이 위원들에게 지급되기 때문이다. 대부분 지역에서 실무협의체와 대표협의체 회의는 참석 수당을 지급한다. 5만 원부터 20만 원까지 지역마다 상이하다. 포천시의 경우는 몇 년 전부터 실무분과 위원에게도 회의 수당을 지급하고 있다. 금액은 1만 원이다. 실무분과는 회의를 마친 후 식사를 하는 경우가 많았는데, 회의에 참석하더라도 식사할 시간이 없어 그냥 가는 위원들이 있었고, 형평성 차원에서 식사 제공 대신 회의 수당을 주기로 한 것이다.

실무분과 사업은 1년 동안 이어지는 경우가 많지만, 때에 따라 몇 년 단위의 중장기 사업으로 진행되기도 한다. 포천시의 경우 실무분과의 사업비는 분과당 연간 200만 원이다. 위원이 많은 분과의 경우 20명도 넘는 것을 고려하면 무척 적은 금액이다. 하지만 실무분과 위원들은 적은 예산을 이리저리 쪼개 다양한 사업들을 진행한다. 자꾸 언급하지만, 그래서 실무분과 위원들이야말로 진정한 지역사회보장협의체의 주인들이라 말하고 싶다.

사업 예산도 적고, 회의 수당도 거의 없다시피 하지만 가장 열심히 열과 성을 다해 참여하기 때문이다. 읍·면·동 위원들도 회의 수당이 있고, 지역마다 약간의 사업 예산이 있다. 읍·면·동의 위원들은 주민자치위원과 별다를 것이 없는 활동을 하고 있으니 비슷한 수준의 수당을 달라고 요구하기도 한다. 이것도 지역별로 많이 주는 곳도 있고, 그렇지 않은 곳도 있다. 대부분 이·통장이나 주민자치위원회보다는 수당이 적은 것이 사실이다. 그래도 읍·면·동 보장협의체는 별도의 기금을 가진 곳이 많아 실무분과보다는 사업하기가 수월한 편이다.

연말에는 이렇게 시행한 사업에 대한 성과보고회가 열린다. 실무분과와 읍·면·동 보장협의체의 사업들이 주로 발표된다. 당연한 일이다. 실무협의체와 대표협의체는 사업을 하는 구조가 아니기 때문이다. 그래서 성과보고회만 보면 지역사회보장협의체는 실무분과와 읍·면·동이 전부인 것처럼 보인다. 하지만 사실 정말 중요한 기능은 정책의 제안이나 심의 또는 자문이다. 따라서 대표협의체에서는 지자체장의 요구에 따라 정책을 자문하거나 제안하는 일을 해 주어야 하고 이것은 매우 중요한 기능이다. 하지만 현실적으로 쉽지 않다. 대표협의체에서 하는 정책제안을 지자체에서 받아들여야 한다는 강제규정이 있는 것도 아니고, 대표협의체 위원들 역시 1년에 몇 번 하는 회의에 참석해 집약적이고 집중적인 심의를 통해 정책제안을 한다는 것이 거의 불가능한 일이기 때문이다.

사무국에서는 여러 사업을 지원하기 때문에 때에 따라서는 도우미처럼 이런저런 일들을 도맡아 하게 된다. 현수막을 제작하고, 게시하고, 행사에 필요한 소품을 구입하고, 배포하며, 위원들과 함께 사업에 직접 참여해 함께 움직인다. 이런 일을 힘들어하는 사람이라면 사무국에서 근무하기가 어려울 수 있다. 때에 따라서 분과 위원들과 함께 복지박람회를 기획하기도 하고, 지자체의 행사에 참여하기도 하며 다른 복지기관과 함께 협업 형태로 행사를 하기도 한다. 외부 공모사업을 받아 진행하는 지역도 있다. 여러 지역에서 '사회복지의 날'이나 '사회복지사의 날' 같은 기념일을 지역사회보장협의체가 진행한다. 포천시의 경우는 방송모금 행사를 사무국에서 맡아서 진행한다. 3~4년에 한 번 정도 사회복지공동모금회와 함께 방송모금 행사를 기획해 시행하는데 주로 연말에 하므로 추운 날씨에 고생한다. 그렇지만 방송모금은 지역의 복지기금을 조성하는 매우 중요한 사업으로 사무국 업무 중 중요도로 따지면 손가락 안에 들 정도로 중요한 것이다.

 포천시만 그런 것이 아니라 많은 지역에서 실무분과가 중심이 되어 토론회, 포럼, 보고회 등의 행사도 자주 하는 편이다. 실무분과 위원들이 만든 사업 대부분이 시민들의 욕구 조사를 통한 정책제안이기 때문에 설문 조사 결과를 바탕으로 보고서를 작성하게 되고, 이를 기반으로 토론회와 포럼 등을 개최한다. 분과 위원들이 주축이지만 사무국의 지원도 절대적으로 필요하다. 얼마 전부터 포천시의 경우 사무국에서 SK텔레콤의 AI기기인 아리아를 보급해 독거노인을 지원하는 사업도 시행하고 있다. 처음 반신반의하는 의견이 많았지만, 어느 정도 자리를 잡으면서 긴급출동을 통해 구조하는 경우도 있었고, 정서적으로 안정이 된다는 의견도 많아졌다. 사무국의 사업들은 대부분 지역사회보장협의체의 사업과 연결되지만, 별개로 진행되는 경우도 있다. 대표적인 것이 위원 교육이다. 어느 지역이나 위원 대상 교육을 하지만 실무분과와 함께 하는 것은 아니다. 예산이 넉넉한 지역은 유능한 외부 강사를 초빙해서 할 수도 있겠지만, 그렇지 않은 지역은 사무국에서 도맡아 진행해야 한다. 따라서 사무국 직원들은 교육자료를 잘 만들어야 한다는 부담도 있다.

 사무국의 관리는 문서와 회계가 중심이다. 문서는 공문이나 계획서, 보고서 등을 관리하는 것이고 보건복지부의 운영 매뉴얼에 맞게 작성하고 보관한다. 사실 처음 사무국에 입사하면 이것을 혼란스러워하는 경우가 많다. 만일 선임자가 인수인계를 충분히 해 주지 않았다면 독학으로 터득하던지, 담당 주무관의 도움을 받던지 그것도 아니라면 다른 지역의 사무국 직원들의 도움을 받아야 한다. 사실 대부분 지역에서 이렇게 한다. 사무국 직원이 몇 명 되지 않기 때문에 전임자의 업무 인수인계를 받는 경우는 별로 없다. 그래서 보건복지부의 운영 매뉴얼과 별개로 사무국 업무에 대한 매뉴얼도 있어야 하는 것 아니냐는 의견이 있다. 공문서 작성은 비슷한 것 같지만, 지역마다 약간의 차이도 있다. 문서형식도 그렇고, 사용 폰트와 크기도 조금씩 다르다. 따라서 전국적으로 통일된 사무국 업무 매뉴얼을 만들기는 사실상 어렵다. 지역의 사정에 맞게 업무 매뉴얼을 만들어야 하는데 기준이 되는 모범적인 양식은 있다면 큰 도움이 되지 않을까 한다. 이런 일은 전국 사무국 연합회나 경기도 사무국연합회 같은 조직에서 맡아야 할 것이다. 개인적으로 사무국 직원들의 업무에 조금이라도 도움을 주기 위해 매뉴얼 책자를 만들고 싶다는 생각을 하고 있다. 결국, 책을 하나 더 써야 한다는 말이 되나

사실 사무국의 회계업무는 그렇게 난해하지 않다. 사무국에서 관리하는 예산의 규모가 큰 편이 아니고, 사업을 다양하게 전개하는 것도 아니며 사회복지예산이라는 것이 단식부기 방식이라 1년마다 장부가 리셋 되기 때문이다. 회계업무는 경력직 사원이 맡는 경우가 많지만, 초보자라 해도 다른 기관에서 맡은 경험이 있는 사람이라면 어렵지 않게 처리할 수 있다. 문제는 회계서류가 아니라 과연 이렇게 예산을 써도 되는지 품의를 작성하는 일일 것이다. 출장 관련 품의나 식사비 관련 품의 등 수시로 자주 작성하는 품의서도 지역마다 기준이 조금씩 다르고, 예산 상황에 따라 다르다. 사실 늘 느끼는 것이지만, 사무국 직원들은 늘 빠듯한 예산 상황에서 일한다. 회의비가 남는 경우도 있지만, 사업비나 운영비는 늘 모자란다. 자신의 연가보상비를 받는 사무국 직원은 많지 않다. 출장비도 예산이 빨리 소진되면 못 받는 경우가 허다하다. 솔직히 관리할 예산이 별로 없다는 것이 문제이지 관리업무가 어려운 것은 아니다.

사무국의 조직관리는 앞서 살펴본 '촉진자'의 역할과 전문가의 역할 즉, 슈퍼비전도 제시할 수 있어야 한다고 본다. 매년 같은 분과 사업을 추진하고, 비슷한 내용의 교육을 하고, 별 소득 없는 워크숍을 한다면 어떻게 발전적인 방안을 만들 수 있을까? 지역사회보장협의체가 처한 현실과 법적인 부분, 기능과 역할 그리고 미래의 발전방안은 위원들이 마련해야 한다기보다 사무국에서 준비해야 하는 일이다. 이럴 때 개인적으로 드는 생각은 사무국이 '커다란 배의 키'는 아닐까 한다. 신약성경 야고보서에는 광풍에 실려 가는 엄청난 크기의 배도 작은 키 하나로 조정한다는 대목이 나온다. 바로 그런 의미일 것이다. 지역사회보장협의체에서 사무국의 존재는 절대적이거나 결정적인 것은 아니다. 하지만 대부분의 지역에서 위원 수만 500명이 넘는 거대 조직을 움직이는 '키'는 분명 사무국이 맞다. 수백 명의 사람을 태우는 거대한 배도 작은 키에 의해 움직인다면 사무국이 그런 역할을 하는 존재이고, 또 그래야 한다고 본다. '키'라는 것이 의미하는 것은 지역마다 다를 수 있다. 사무국 직원들은 자신의 위치에서 무엇을 해야 하는지 깊이 생각해 보아야 한다. 과연 내가 '키'의 역할을 하고 있을까? 그리고 우리 지역에서 '키'는 무엇일까 하는 것을 말이다.

개인적인 생각으로 사무국 직원은 공무원과 대별되는 분명한 역할 정립이 있어야 한다고 본다. 서울시 일부 지역에서 사무국 직원의 역할을 공무원이 하고 있고, 어떤 지역은 사무국이 아예 없기도 하다. 보장협의체의 운영에 필요한 민간의 장점을 활용하지 못하는 안타까운 모습이다. 그리고 중장기적으로 사무국이 지역사회보장협의체의 발전과 함께하려면 전문적인 지식과 경험은 물론 업무의 전체적인 흐름을 주도할 수 있어야 한다. 사실 지역사회보장협의체에서 가장 전문적이고 경험이 많은 사람은 사무국 직원들이다. 그런데도 보수나 처우는 매우 열악하고 작은 의사 결정조차 자의적으로 하기 어려운 것이 현실이다.

맺음말

지금까지 많은 이야기를 했지만, 결론적으로 보면 지역사회보장협의체는 우리나라 사회복지 정책실행 역사에서 흔치 않게 성공적으로 도입되고 성장 된 법정조직이라 볼 수 있다. 과거를 돌아보면 우리는 역사적으로 사회복지라는 개념을 선제적으로 도입해 국민의 삶의 질을 올린 경험이 거의 없는 나라이다. 적어도 1980년대까지는 그랬다. 조선 시대에도 정치적으로 가난한 백성을 구호하는 정책이 간헐적으로 있긴 했지만, 법으로 정해 정례화한 적은 거의 없었고, 법으로 정했다 해도 실천은 더 어려웠다. 경제적인 어려움이나 장애는 개인의 능력과 상황 때문이지 국가에서 책임져야 할 문제가 아니었다. 하지만 시대가 바뀌면서 사회복지가 국가정책의 가장 중요한 부분이 되었고, 해야 할 요소가 되었다.

경제적인 어려움, 장애, 교육, 다문화, 청소년과 여성, 노인, 지역경제 등의 요소는 개인이 해결하기 어려운 문제다. 그래서 국가의 개입이 필요하고, 정책적인 대안이 있어야 한다. 정책을 현실에 적용할 때 전달 체계의 중요성이 대두된다. 어떻게 지역의 가장 작은 단위까지 국가정책이 전달되고 실현될 수 있을까의 문제다. 복지에서 대상이 되는 개인의 문제는 시간이 가면서 더 복잡해지고 개인정보라는 테두리 안에서 더 다루기 힘든 주제가 되었다. 누군가는 사회복지 정책으로 인해 큰 어려움 없이 혜택을 보지만, 정작 어려운 상황에 처한 사람 중에 정책의 기반이 되는 규정에 얽매여 변변한 도움도 받지 못하는 경우가 있다. 여기에서 사람이 만든 제도의 한계성이 드러난다. 우리는 합리적인 판단을 했다고 생각하지만, 그렇지 못한 요소를 종종 본다. 정말 모든 사람이 만족하고, 효율성과 효과성이 극대화되는 공평무사한 정책이란 것이 있기는 한 것일까? 결론적으로 보면 예전에도 그랬고 앞으로도 그렇게 완벽한 정책이란 것이 나오지는 않을 것이다. 그래서 우리는 부족한 부분을 채우기 위해 조정과 모니터링을 해야 한다. 제정할 때는 완벽해 보였던 법률과 정책도 시간이 가면서 부족했던 부분과 실천이 어려운 부분이 나타난다. 처음 작은 오류라 여겨졌던 부분은 더 커지게 된다. 그래서 애써 만든 법률을 폐기하기도 하고 개정하기도 한다. 유한한 인간이 하는 일이기에 당연하다.

적어도 지역사회복지라는 화두에서 지역사회보장협의체는 이런 오류를 수정하고, 바로잡는 역할을 담당하는 거버넌스 조직이라 할 수 있다. 현실에서 보면 자신이 담당한 업무에 대한 이해가 높은 공무원도 거버넌스에 대한 이해는 매우 부족한 것을 볼 수 있다. 사실 인간은 태생적으로 협치나 협업을 하기 힘든 존재다. 아침에 홀로 일어나고, 잠을 잘 때도 혼자 자는 것이 인간이다. 옆에 누가 있는 것이 불편하다 느낄 수 있다. 업무를 하면서 자신이 하는 일을 누군가와 나누이 함께 한다는 것은 쉽지 않은 일이다. 인간의 본성은 그런 것이다. 인간은 내가 온전히 홀로 해야 안정감을 느끼는 존재다. 그런데 갑자기 거버넌스나 협치를 해야 한단다. 누군가와 나의 일을 나누어서 하라는 것이다. 인간의 본성을 생각해 보면 거버넌스는 너무나 어려운 일이다. 이렇게 어려운 거버넌스가 이루어져야 하기 때문에 지역사회보장협의체가 있다. 하기 힘든 거버넌스를 하라는 의미에서 국가가 만든 몇 안 되는 조직이다. 국가에서는 왜 지역사회보장협의체를 만들었을까? 중앙정부가 지역사회를 잘 이해하기 때문일까? 아니다. 국가에서도 경험상 거버넌스를 해야 그 조직이 그나마 복지 전달 체계상 오래 버티면서 역할을 하더라는 경험이 있기 때문이다. 공무원들이 민간과 함께 일하는 것을 꺼린다 해도 그렇게 함께 해야 어느 정도 일이 돌아가더라는 뼈아픈 경험이 있기 때문이다. 그렇게 만든 조직이지만, 개인적 소견으로는 지역사회보장협의체가 70~80% 정도는 이미 공 조직화 되어 순수 민관 거버넌스 조직이라 말하기 어려운 부분이 있다. 위원의 대부분은 민간이지만, 의사 결정 과정이나 예산집행과정에서는 대부분 공무원의 목소리가 담기기 때문이다. 사업을 시행하거나 예산을 집행할 때 민간의 목소리는 거의 반영되지 않는다. 예산을 집행해야 하는 공공의 입장에서는 사업 후 결과평가나 감사에서 문제가 생기면 안 되기 때문에 행정 경험이 없는 민간의 의견을 무시하게 되는 것은 아닌가 싶다. 인정하고 싶지 않지만 사실이다. 그래도 지역사회보장협의체는 민관이 참여하는 거버넌스 모습이 어느 정도 있다고 말하고 싶다. 형식적으로 보여지는 이런 거버넌스도 아예 없는 것보다 존재하는 것이 낫다. 민간 입장에서는 그나마 지역사회보장협의체라도 있어야 비빌 언덕이 있는 것이다.

지역사회보장협의체가 없는 지역은 없지만, 민간이 주도적으로 사업을 이끌어 가는 지역은 거의 없다. 차라리 이럴 바에는 사무국 직원들을 모두 공무원으로 만드는 것이 나을 수도 있다. 하지만 그것마저 예산 부담이 된다며 하지 않을 것이다. 지역사회보장협의체는 위원이나 사무국이나 지역복지에 전문적인 사람들이 모여 있는 곳이다. 하지만 민간의 전문성을 발휘하기 어려운 곳이기도 하다. 올해는 지역사회보장협의체가 출범한 지 20년이 되는 해이다. 과연 지금까지의 지역사회보장협의체 운영이 그렇게 잘된 것이라 할 수 있을지, 앞으로 20년은 어떻게 운영되어야 하는지 걱정도 되고, 기대도 된다. 그리고 지역사회보장협의체에 깊은 애정을 가지고 있는 사람으로서 지역사회보장협의체는 최소한이라고 말하고 싶다. 우리 사회에서 거버넌스나 협치라는 개념이 그래도 어느 정도 실현되고 있는 거의 유일한 정책 모델이 바로 지역사회보장협의체이기 때문이다.